AUTOBIOGRAFIA DE UN ESCLAVO

Libros a la carta

Partiendo de nuestro respeto a la integridad de los textos originales, ofrecemos también nuestro servicio de «Libros a la carta», que permite -bajo pedido- incluir en futuras ediciones de este libro prólogos, anotaciones, bibliografías, índices temáticos, fotos y grabados relacionados con el tema; imprimir distintas versiones comparadas de un mismo texto, y usar una tipografía de una edición determinada, poniendo la tecnología en función de los libros para convertirlos en herramientas dinámicas.

Estas ediciones podrán además tener sus propios ISBN y derechos de autor.

JUAN FRANCISCO MANZANO

AUTOBIOGRAFIA DE UN ESCLAVO

BARCELONA **2006**
WWW.LINKGUA.COM

Créditos

Título original: *Autobiografía de un esclavo*

© 2006, Linkgua ediciones S.L.

08011 Barcelona.
Muntaner, 45 3º 1ª
Tel. 93 454 3797
e-mail: info@linkgua.com

Diseño de cubierta: Linkgua S.L.

Imagen de cubierta: Jorge Mata

ISBN: 84-9816-667-3.

Las bibliografías de los libros de Linkgua son actualizadas en: www.linkgua.com

SUMARIO

PRESENTACION

La vida

Juan Francisco Manzano (1797-...). Cuba.

En algún día del mes de agosto de 1797 nació, esclavo, el primer hombre de piel negra que leyó en público en Cuba sus propios poemas. Se trataba del soneto «Mis treinta años», leído en la tertulia de Domingo del Monte en 1836 y publicado un año después. El poeta tenía cuarenta años y cierta fama lo había precedido en aquella incursión. Quince años atrás había publicado con licencia de sus amos, *Cantos a Lesbia* en 1821 y luego, en 1830, *Flores Pasageras* (sic), de los cuales no se conserva ni un solo ejemplar. De aquella lectura y del interés de Del Monte surgió la idea de recaudar los 850 pesos que exigió la dueña, con vistas a comprar la libertad de Manzano, de modo que en 1837 era ya libre cuando fueron publicados en *El aguinaldo habanero* los sonetos «A la ciudad de Matanzas» y «Mis treinta años».

De aquella lectura del año 36 salió también la proposición de Del Monte para que el esclavo escribiera su autobiografía. Su primera parte fue publicada primero en inglés gracias al interés de Richard R. Madden, quien tradujo una copia corregida por Anselmo Suárez y Romero. Sólo mucho después apareció la versión original.

La segunda parte de la *Autobiografía* de Manzano se perdió.

taba qe. las cosas se ubiera hecho como se pactuó el estuviera contento mis dos hijos barones estan vivos y los otros dos vientres se han malogrado mas aquella bondadosisisima señora fuente inagotable de grasias le volvio a renobar un documento en ofreciéndole la libertad del en darle libre el otro vientre nasiese lo qe. nasiese y nasieron mellizos baron y embra ubo en esto unas diferencias mas lo terminante del documento iso qe.. un tribunal diese libertad a los dos pr. qe.. ambos formaron un bientre la embra vive con este motivo mis padres se quedaron en el molino al cuidado de la casa, cuando este acontecimiento la marqueza Justis avia muerto ya en la misma asienda todos sus hijos vinieron a la novedad y la asistieron hasta el último momento, yo me allaba a la sazon a pupilo en la Habana, pero se le enbió una bolante a la Sra Da Joaquina Gutierres y Zayas la qe. se presentó en casa de mi madrina y me pidió de parte de mi señora y en el momento se puso en camino comigo pa. Matanzas donde llegamos al segundo dia como a la una del dia esta epoca pr. lo remota no está bien fija en mi memoria solo me acuerdo qe. mi madre y la Sra Da. Joaquina y el padre estubimos en fila en su cuarto ella me tenia puesta la mano sobre un hombro mi madre y Da. Joaquina lloraban, de lo qe. ablaban no se salimos de alli yo me fui a jugar y solo me acuerdo qe. a la mañana siguiente la vi tendida en una gran cama qe.. grite y me llebaron al fondo de la casa donde estaban las demas criadas enlutadas en la noche toda la negrada de la asienda sollosando resaron el rosario yo lloraba a mares y me separaron entregándome a mi padre.

pasado algunos dias o tiempo partimos pa. La Habana y la misma Sra. Da. Joaquina me condujo a la casa de mi madrina donde luego supe qe. alli e abia dejado mi señora, pasaron algunos años sin qe. yo biese a mis padres y creo no equibocarme en desir qe. abrian sinco años pues me acuerdo qe.. abiendo vivido mucho tiempo con mi madrina en la calle nueva del cristo ya yo cosia y iva a los ejersisios de juego con mi padrino qe.. era sargento primero de su batallon Jabier Calvo y nos mudamos a la calle del inquisidor en el solar del Sor. Conde de Orreylli vi el bautismo famoso del señor Dn. Pedro Orreylli y lo vi vestir mamelucos y andar solo por la casa todo esto sin saber si tenia amo o no y ya yo bestia mi balan-

AUTOBIOGRAFIA

El esclavo Juan Francisco Manzano cultivó, con las dificultades consiguientes a su condición, la amistad del distinguido cubano Don Domingo del Monte, a quien iban dirigidas las cartas que contiene este libro. Don Domingo del Monte, interesado vivamente en favor del esclavo-poeta, promovió una suscripción y rescató la libertad de Juan Francisco Manzano, mediante una suma de $850 que exigió su dueña. No sólo no se escribió la segunda parte de la biografía que se ofrece en la primera, sino que con su libertad perdió Manzano sus dotes de poeta.[1]

La Sra. Da. Beatriz de Justiz Marqueza[2] Justiz de Sta. Ana, esposa del Sor. Dn. Juan Manzano, tenia gusto de cada vez qe. iva a su famosa asienda el Molino de tomar las mas bonitas criollas, cuando eran de dies a onse años; las traia consigo y dándoles una educasion conforme a su clase y condision, estaba siempre su casa llena de criadas, instruidas en todo lo necesario pa.. el servisio de ella no asiendose de este modo notable la falta de tres o cuatro qe. no estubiesen aptas pr. sus años dolensias o livertad & entre las escojidas fue una Ma. del Pilar Manzano, mi madre, qe. del servisio de la mano de la Sra. Marqueza Justiz en su mayor edad, era una de las criadas de distinsion o de estimasion o, de razon como quiera qe.. se llame tenia tambien aquella señora pr. costumbre, despues del esmero con qe. criaba a estas sus siervas qe. el dia qe.. se queria alguna casar; como fuera con algun artezano libre, le daba ella la libertad en donasn equipandola del todo como si fuese hija propia sin qe. perdiese pr. eso todo el fabor y protecion de la casa asiendose estensiva hasta sus hijos y esposo (de lo cual hay muchos ejemplos que citar) de este modo sucedia qe.. pero en la casa no nasian los hijos de tales matrimonios, siguiendo este orden de cosas se fueron menoscavando el gran numero de aquella florida servidumbre pr.. dibersos asidentes y vino a ser Ma del Pilar el todo de la mano de la Sra Marquez J. y como tuviese la suerte en este estado de ber casar a la Sra Condesa de Buena vista y a la Sra Marqueza de Prado Ameno vino pr. una. casualidad a criar al Sor Dn Manuel de cardenas y manzano; pero no al pecho; pues abiendo enfermado su crianera la parda libre, Catalina Monzón, le tocó a ella seguir la cria con todas las dificultades qe. se infieren en un niño qe. deja un pecho y no quere tomar otro; interin esta bensia todos los ostaculos de la cria nasio el Sor Dn Nicolas, su hermano, cuando se berifico el matrimonjo de Toribio de Castro con Ma del Pilar a quienes debo el ser saliendo a Luz el año de...

Como ya he dicho no abia nasido en la casa ninguno; de estos señores mi ama la Sra Marqueza Justiz, ya señora de edad, me tomo como un genero de entretenimiento y disen qe. mas estaba en sus brasos qe. en los de mi madre qe. con todos los titulos de una criada de manos y media criandera abia casado con el primer criado de la casa y dado a su señora un criollo qe. ella llamaba, el niño de su bejez. Aun viven algunos testigos de esta verdad cresi al lado de mi señora sin separarme de ella mas qe. pa.. dormir, pues ni al campo viajaba sin llevarme mi en la bolante con diferensia de oras pa. uno y dias pa.. otros nasi temporaneo con del el Sor Dn Miguel de Cardenas y Manzano y con del el Sor Dn Manuel Oreylli hoy conde de Buena vista y Marquez Justis de Sta Ana. ambas familias vivian todos en la grandisima y hermosisima casa contiga a la machina divida solo pr. algunas puertas qe.. separaban los departamentos pues eran tres grandes casas reunidas en una. Asia seria osioso pintar cual andaria yo entre la tropa de nietos de mi señora trabeseando y algo mas vien mirado de lo qe. meresia pr. los fabores qe. me dispensaba mi señora, a quien yo tambien llamaba mama mia.

Cumplia yo ya seis años cuando pr. demasiado vivo mas qe. todos, se me enbió a la escuela en casa de mi madrina de bautismo trinidad de Zayas: traiaseme a las dose y de por la tarde pa. qe. mi señora me viera, la cual se guardaba de salir hasta qe. yo no viniese pr. qe. de nó, echaba la casa abajo, llorando y gritando, y era presiso en este caso apelar a la soba la que nadie se atrevia la cual se guardaria nadien darme pr. qe. ni mis padres se hallaba autorizado pa. ella y yo, conosiendolo, si tal cosa me asian los acusaba. Ocurrió una vez qe. estando yo muy majadero me sacudió mi padre pero resio; supolo mi señora y fue lo bastante pa. qe. no lo quisiera ver en muchos dias, hasta qe. a istansia de su confesor, el padre Moya, Religioso de Sn. Franco. le volvió su grasia despues de enseñarle aquel apelar a los

12

derechos de padre qe. a mi le correspondian como a tal y los qu como a y ella a los de ama, ocupando el lugar de madre; a la edad años daba yo de memoria los mas largos sermones de Frai Luis de y el numeroso concurso qe. visitaba la casa en qe. nasí, me Domingos cuando benia de aprender a oir la santa misa con mi pues aun qe. en casa la avia pero no se me permitia oirla alli pr.. te y distracción con los otros muchachos. Tenia ya dies años cuar do en cuanto podia instruirme una mujer por lo qe, hace a religi catecismo lo daba todo de memoria como casi todos los sermor L. d G. y ademas sabia muchas y relasiones, loas, y entremese regular y conosia las colocasion de las piesas; me llebaron a la sesa y vine remedando a algunos pr.. cuyos medios aun qe. si mas pr. los sermones mis padres resivian de mi la porsion d recojia en la sala.

Pasando pr. otros pr. menores ocurridos en los dias qe. debia r tismo me señiré unicamente a lo agradable pues ahora voi corr jardin de bellisirnas flores una serie de felicidades. Fui embuel en el faldellin con que se bautizó la Sra Da Beatris de Carden selebrandose con Arpa qe. la tocaba mi padre pr. musica c flauta: quiso mi señora marcar este dia con uno de sus rasg sidad con coartando aber coartado a mis padres dejandolos pesos a cada uno y yo deví ser algo mas feliz; pero pase.

Tenia yo siete u ocho años cuando me preguntaban mi qe no habia uno qe. yo dijera qe. ignoraba sabia y en esto par los dias qe en el porbenir me esperaban, en la carrera de ya el tiempo de en qeñ mi ama se fuera desprendiendo d me a ofisio como en efecto se berificó teniendo como c puso a pupilo con mis padrinos llebando ya las primeras le tre pr. mi padre. entonses viajaba la señora marquesa Ju cia a su asienda el Molino mi madre se declaraba en pues ya tenia yo un hermano qe. me seguía otra qe. mu do Blasa qe. no sé pr. qe. espesie de grasia nasió libre m

14

dran de carranclan de lista ancha y entraba y salia de la casa sin qe. nadie me pusiese ostaculo.

Tendría yo algo mas de dose años cuando deseosas algunas antiguas criadas de la casa deseaban berme y asiendo istansias a mi madrina lograron de ella qe. me mandase de bisita a la casa de mi señora la Marqueza de prado Ameno lo qe. berificado un domingo me bistieron de blanco con mi balandransito de carranclan y pantalones de borlon penas llegue a la casa cuando todas me cargaron otra me llebaba de la mano aca y alla enseñandome hasta qe.. me condujeron al cuarto de la señora disiendole quien era yó, no se desir lo qe. aqui paso lo sierto es qe. al dia siguiente me enbió mi señora a buscar con un criado estube jugando todo el dia mas a la noche cuando me queria ir a casa de mi amada madrina no se me llebó; ella fue a buscarme y yo no fui qe. sé yo pr. qué de alli a algunos dias me isieron muchos mamelucos de listado de corto y alguna ropita blanca pa. cuando salia con la librea de paje pa. los días de gala tenia un bestido de usar pantalon ancho de grana guarnesido de cordon de oro, chaquetilla sin cuello de raso azul marino guarnesida de lo mismo morreon de tersio pelo negro galoneado, con plumage rojo y la punta negra dos argollitas de oro a la fansesa y alfiler de diamante con esto y lo demas pronto olvide mi antigua y recolecta vida los teatros paseos tertulias bailes hasta el dia y otras romerias me asian la vida alegre y nada sentia aberdejado la casa de mi madrina donde solo resaba, cosia con mi padrino y los domingos jugaba con algunos monifaticos pero siempre solo ablando con ellos, a los pocos dias tube pr. alla a la misma señora Da. Joaquina qe. me trataba como a un niño ella me bestia peinaba y cuidaba de qe. no me rosase con los otros negritos de la misma mesa como en tiempo de señora la Marqueza Justis se me daba mi plato qe. comia a los pies de mi señora la Marqueza de Pr. A. todas esta epoca la pasaba yo lejos de mis padres.

Cuando yo tenia dose años ya abia compuesto muchas desimas de memorias causa pr. qe. mis padrinos no querian qe.. aprendiese a escrivir pero yo las dictaba de memorias en particular a una joven morena llamada Serafina cuyas cartas en desimas mantenian una correspondensia amorosa. Desde mis dose años doi un salto hasta la de catorse dejando en su inter medio algunos pasajes en qe. se berifica lo instable de mi fortuna. se notará en la relasion esta dicha qe.. no ai epocas fijas pero era de masiado tierno y solo conservo unas ideas bagas pero la verdadera istoria de mi vida empiesa desde 189 en qe. empesó la fortuna a desplegarse contra mi hasta el grado de mayor encarnizamiento como beremos.

Sufria pr. la mas leve maldad propia de muchacho, enserrado en una carbonera sin mas tabla ni con qe. taparme mas de beinte y cuatro oras yo era en estremo medroso y me gustaba comer mi carsel como se puede ver todavía en lo mas claro de medio dia se necesita una buena bela pa.. distinguir en ella algun objeto aqui despues de sufrir resios azotes era enserrado con orden y pena de gran castigo al qe. me diese ni una gota de agua, lo qe.. alli sufria aquejado de la ambre, y la sé, atormentado del miedo, en un lugar tan soturno como apartado de la casa, en un traspatio junto a una caballeriza, y un apestoso y ebaporante basurero, contigua a un lugar comun infesto umedo y siempre pestifero qe. solo estaba separado pr. unas paredes todas agujereadas, guarida de diformes ratas qe. sin sesar me pasaban pr.. en sima tanto se temia en esta casa a tal orden qe. nadie nadie se atrebia a un qe. ubiera collontura a darme ni un comino yo tenia la cabeza llenos de los cuentos de cosa mala de otros tiempos, de las almas aparesidas, en este de la otra vida y de los encantamientos de los muertos, qe.. cuando salian un tropel de ratas asiendo ruido me paresia ver aquel sotano lleno de fantasmas y daba tantos gritos pidiendo a boses misericordia entonces se me sacaba me atormentaban con tanto fuete hasta mas no poder y se me enserraba otra vez guardose la llabe en el cuarto de la Sra. pr.. dos ocasiones se distinguieron la piedad del Sor. Dn. N. y sus hermanos introdusiendome pr. la noche algun poco de pan biscochado pr.. una reendija o abertura de la puerta y con una cafetera de pico largo me dieron un poco de agua.

Esta penitensia era tan frecuente qe. no pasaba semana en qe. no sufriese de este genero de castigo do o tres veses, en el campo tenia siempre igual martirio yo he atribuido mis pequeñez de estatura y la debilidad de mi naturaleza a la amargosa vida qe. desde trese a catorse años he traido siempre flaco debil y estenuado llebaba en mi semblante la palidez de un combalesiente con tamañas ojeras no es de extrañar qe. siempre ambriento me comiese cuanto allaba, pr. lo qe. se me miraba como el mas gloton asi era qe.. no teniendo ora segura comia a dos carrillos tragandome la comida medio entera de lo qe. me resultaba frecuentes indigestiones pr. lo qe.. hiendo a siertas nesesidades con frecuensia me asia acreedor a otros castigos mis delitos comunes eran, no oir a la primera vez qe. me llamasen si al tiempo de darseme un recado dejaba alguna palabra por oir, como llevava una vida tan angustiada sufriendo casi diariamente rompeduras de narices hasta hechar por ambos conductos los caños de sangre rompedura sobre rompedura, lo mismo era llamarseme cuando me entraba un temblor tan grande qe. apenas podia tenerme sobre mis piernas, no pocas veses he sufrido pr.. la mano de un negro vigorosos asotes pr. se me suponia esto un finjimiento no calzaba sapatos sino cuando salia de paje desde la edad de tres a cotorse años la alegria y viveza de mi genio lo parlero de mis lavios llamados pico de oro se trocó todo en sierta melancolia que se me iso con el tiempo caracteristica la musica me embelesaba pero sin saber pr. qe.. lloraba y gustaba de tal consuelo cuando allaba ocasión de llorar qe. siempre buscaba la soledad pa. dar larga rienda a mis pesares, lloraba pero no gemia ni se me añudaba el corazon sino en sierto estado de abatimiento incurable hasta el dia. Tendria yo unos quinse o dies y seis años cuando fue llebado a Matanzas otra vez abrasé a mis padres y hermanos y conosí a los qe.. nasieron despues de mi, el cararte seco y la horades de mi padre como estaba siempre a la vista me asian pasar una vida algo mas llevadera no sufria los orribles y continuos azotes ni los golpes de mano qe. pr. lo regular sufre un muchacho lejos de algun doliente suyo aunque siempre mis infelices cachetes y narises estaban... Sinco años pasamo en Matanzas y era alli mi ofisio el al amaneser antes qe.. nadie estaba en pie barria cuanto podia y limpiaba concluida esta diligensia me sentaba en la puerta de mi sra. pa. cuando despertara qe. me allase ai en seguida pa.. donde quiera qe. iva, iva yo como un falderillo con mis brasillos cruzados cuando almorzaban o comian tenia yo cuiadado de recojer todo lo qe. todos ivan dejando y me abia de dar mi maña de enguirmelo antes qe. se lebantase la mesa pr. qe. al pararse avia yo de salir de tras y llegada la ora de coser me sentaba a la vista de mi señora a costurar efectos de mugeres pr. lo qe. sé aser tunicos camisones colgaduras colchones marcar en olan batis y coser en este genero y aser todas clases de guarnisiones, llegada la ora del dibujo 'qe. era pr. un allo qe. tenian los señoritos Dn. N. Sor D. M. La Señta Da. Consepcion y mi señora iva yó tambien y parado detras de el asiento de mi señora permanesia todo el tiempo qe duraba la clase todos dibujaban y Mr. Godfria qe era el allo recorria todas las pesonas qe dibujaban a qui disiendo esto alli corrigiendo con el crellon alla arreglando otra seccion, pr. lo qe. beia aser desir corregir y esplicar me alle en disposision de contarme pr. uno de tantos en clase de dibujo no me acuerdo cual de los niños me dio un lapisero biejo de bronse o cobre y un pedasito de crellon esperé a qe. botasen una muestra y al día siguiente a la ora de clase despues de aber visto un poco me sente en un rincon buelta la cara pa. la pared empese asiendo bocas ojos orejas sejas dientes &. cuando consideraba ser ora de cotejar las muestras con las leciones ante el director Mr. Godfria yo enbolbia mis lecciones las metia en el seno y esperaba la ora pr. qe. en cotejando se acababan las dos oras de dibujo, y oia y beia de este modo llegué a perfeccionarme qe. tomando una muestra desechada pero entera aunqe. no mi perfecta, era una cabeza con su garganta qe. demostraba a una muger desolada qe. corria con el pelo suelto ensortijado y batido pr.. el viento los ojos saltones y llorosos y la copie tan al fiel qe. cuando la conclui mi señora qe. me ogservava cuidadosamente asiendose desentendida me la pidio y la presento al director qe. dijo yo saldria un gran retratis y seria pa. el mucho honor qe.. algun dia retratase a todos mis amos desde entonses todos me tiraban al rincon donde yo estaba a medio acostar en el suelo muestra de todas clases y estando en esto bastante abentajado compuse una guirnalda de rosas y otras muchas cosas. En esta epoca tanto como en todas las qe. serví a mi ama era afisionadisima a la pesca y en la tarde y en las mañanas frescas nos ivamos pr. la orilla del rio de Sn. Agustin pr. la parte baja en qe. atrabiesa pr.. el molino a buscar pesca yo le ponia la carnada en el asuelo y resibia el pez qe. sacaba pero como la melancolia estaba en sentrada en mi alma y abia tomado en mi fisico una parte de mi esistensia yo me complasia bajo la guasima cuyas raises formaba una especie de pedestal al qe. pescaba en componer algunos versos de memoria y todos eran siempre tristes los cuales no escrivia por ignorar este ramo pr.. esto siempre tenia un cuaderno de versos en la memoria y a cualquier cosa improvisaba supo mi señora qe. yo charlaba mucho pr. qe.. los criados viejos de mi casa me rodeaban cuando estaba de umor y gustaban de oir tantas desimas qe. no eran ni divinas ni amorosas como propio producto de la ignosensia se dio orden espresa en casa qe. nadien me ablase pues nadien sabia esplicar el genero de mis versos ni yo me atrevi nunca a decir uno aunqe. por dos veses me costó mi buena monda; como pa. estudiar mis cosas qe. yo componia pr. careser de escritura ablaba solo asiendo gestos y afeciones según la naturaleza de la composisión desian qe. era tal el flujo de hablar qe. tenia qe. pr. hablar ablaba con la mesa con el cuadro con la pared & yo a nadien desia lo qe. traia comigo y solo cuando me podia juntar con los niños les desia muchos versos y le cantaba cuentos de encantamientos qe.. yo componia de memorias en el resto de el dia con su cantarsito todo conserniente a la aflictiva imagen de mi corazón mi ama qe. no me perdia de vista ni aun dormiendo pr. qe. hasta soñaba conmigo ubo de penetrar algo me isieron repetir un cuento una noche de imbierno rodeado de muchos niños y criadas, y ella se mantenia oculta en otro cuarto detrás unas persianas o romanas; al dia siguien por quitarme allá esta paja como suele desirse en seguida a mi buenas monda me pusieron una grande mordaza y parado en un taburete en medio de la sala con unos motes de tras y delante de los cuales no me acuerdo y recta proivision pa. qe. nadien entrase en combersasion con migo pues cuando yo tratara de tenerla con alguno de mis mayores devian darme un garnaton y de noche devia a las dose o una de la noche irme a dormir mas de dose cuadra de distansia donde vivia mi madre yo era en estremo miedoso y tenia qe. pasar pr. este trago en las noches mas lluviosas. con este y otros tratamientos algo peores mi cararter se asia cada ves mas tasiturno y melancolico no hallaba consuelo mas qe. recostado en las piernas de mi madre pr. qe. padre de genio seco... y se acostaba mientras mi pobre madre y mi hermano Florensio me esperaban hasta la ora qe.. yo viniera este ultimo aunque estubiera dormido luego qe. yo tocaba la puerta y oia mi voz despertaba y venia a abrasarme senabamos y nos ivamos juntos a la cama. unas tersianas qe. pr. poco dan conmigo en la sepultura me pribaron seguir a mi señora a la Habana y cuande me alle. restablecido enteramente nadien ará en dos años lo qe.. yo en cuatro meses, me banaba cuatro veces al dia y hasta de noche corria a caballo pescaba registré todos los montes suvi todas las lomas comi de cuantas frutas abia en las arboledas en fin disfruté de todos los. ignosentes goses de la joventud en esta epoca pequeñísima me puese grueso lustroso y vivo mas bolbiendo a mi antiguo genero de vida mi salud se quebrantó y bolbí a ser lo qe.. era entonses fue cuando resiví pr. un moreno sin querer una pedrada en la mollera qe. me llevaron privado a la cama y fue tan riesgosa qe.. abiendome abierto o undido el casco se me descubria parte del craneo cuya herida abiendome durado abierta mas de dos años aun todavía pr. tiempos se me resume, esta peligrosa herida me fue pr.. mucho tiempo faborable pues yo era demasiado sanguino y de una naturaleza tan debil las mas leve impresion me causaba una estraordinaria novedad qe. siempre resollaba pr.. aquella parte abierta. asi susedió qe. abiendosemé maltratado qe. se yo pr. qe. todo el padesimiento de aquel acto unido a tres dias qe. se me dejo de curar atrajo sobre el craneo una tela negra qe. fue menester tenasa ila y agua fuerte pa.. quemar era medico de la asienda Dn. quese yo Estorino entonses un Sor aquien yo acompañaba a la caza y a la pezca hombre tan piadoso como sabio y generoso tomó a su cargo mi cura y el cuidado de mis alimentos y me curaba con sus propias manos hasta llegar a punto de no nesesitarse mas qe. tafetan ingles le debo esta fineza como otras muchas muchísimas a qe. le estoi sumamente reconosido el era el unico qe. sabia mirar mis muchachadas como propios efectos de aquella edad a quien unia una imaginasion trabiesa. Me acuerdo una vez aber pintado a una bruja hechandole una alluda a un diablo aquel tenia el semblante aflijido y la bruja risueño esta lamina causó a muchos grande risa pero yo tube pr. mas de dos meses bastante qe. llorar pr. lo qe.. mi padre con la austeridad de su cararter me proibió no tomase inter el viviese los pinseles me quitó la cajita de colores y la tiró al rio rompiendo la lamina qe. le abia causado tanta risa. Como desde qe. pude aser algo fue mi primer destino el de paje tanto en la Haba como en Matanzas belaba desde mis mas tiernos años mas de la mitad de la noche en la Habana sino en las noches de teatro en las tertulias de encasa del Sor Marquez de Monte Ermoso o encasa de las Sras. Beatas Cardenas de donde saliamos a las diez y empesaba el paseo hasta las onse o dose de la noche despues de aber senado y en Matanzas, los dias señalados o no señalados se comia encasa del Sor. Conde de Jibacoa o en la del Sor Dn Juan Manuel Ofarrill donde quiera qe.. fuese ivamos a aser tarde y noche en casa de las Sras Gomes donde se reunia las personas mas conosidas y desentes del pueblo a jugar partidos de tresillos matillo o burro yo no me podia separar detrás de el espardar de su taburete hasta la ora de partir qe. era pr. lo regular a las dose de la noche ora en qe. partiamos pa.. el Molino si en el inter duraba la tertulia me dormia si al ir detrás de la bolanta pr. alguna casualidad se me apagaba el farol aun qe. fuese pr. qe. en los carrilones qe. dejan las carretas sellenan de agua y al caer la rueda saltaba entrandose pr.. las labores del farol de oja de lata al llegar se despertaba al mayoral o arminstrador, y yo iva a dormir al sepo y al amaneser ejersia este en mi unas de sus funsiones y no como a muchacho pero tanto dominio tiene el sueño sobre el espiritu humano qe. no pasaban cuatro o sinco noches cuando era repetida pues no me balia nadien nadien ni mi pobre madre mas de dos veses con mi hermano les amanesió esperandome inter yo encerrado esperaba un doloroso amaneser ya vivia mi madre tan reselosa qe. cuando no llegaba a la ora poco mas o menos bajaba desde su bojio y asercandose a la puerta de la enfermeria qe. era antes de los hombres donde estaba el sepo hasia la isquierda pr. ber si estaba allí me llamaba «Juan» y yo le contestaba gimiendo y ella desia de fuera «hay hijo» entonses era el llamar desde la sepultura a su marido pues cuando esto ya mi padre abia muerto tres ocasiones en menos de dos meses me acuerdo aber visto repetirse esta Exena como en otras encontrarme en el camino pero una vez pa. mi mas qe. todas memorables fue la siguiente. Nos retirabamos del pueblo y era ya demasiado tarde como venia sentado como siempre asido con una mano a un barro y en la otra el farol la bolante benia a un andar mas bien despasio qe. a paso regular me dormi de tal modo qe. solté el farol pero ta bien qe. calló parado, a unos beinte pasos abri de pronto los ojos me alle sin el farol beo la luz a donde estaba tirome abajo coro a cojerlo antes de llegar dí dos caidas con los terrones tropesando al fin lo alcaso quiero bolar en poz de la bolante qe. ya me sacaba una bentaja considerable pero cual fue mi sorpresa al ber qe. el carruaje apretó su marcha y en vano me esforsaba yo pr. alcansarlo y se me despareció; ya yo sabia lo qe. me abia de suseder; yorando me fui apie pero cuando llegue serca de la casa de vivienda me allé cojido pr. Sor. Silbestre qe.. era el nombre del joven malloral este condusiendome pa. el sepo se encontró con mi madre qe.. siguiendo los impulsos de su corazon vino a acabar de colmar mis infortunios ella al berme quiso preguntarme qe.. abia hecho cuando el malloral imponiendole silensio se lo quiso estorbar sin querer oir ruegos ni suplicas ni dadivas irritado pr. qe. le abian hecho lebantar a aquella ora lebanto la mano y dió a mi madre con el rnanati este golpe lo sentí yo en mi corazon dar un grito y convertirme de manso cordero en un leon todo fue una cosa me le safe con un fuerte llamon del brazo pr. donde me llebaba y me le tiré en sima con dientes y manos cuantas patadas manatiazos y de mas golpes qe. llebé se puede considerar y mi madre y yo fuimos condusidos y puesto en un mismo lugar los dos gemiamos a una alli inter mi hemano Florensio y Fernando solos lloraban en su casa el uno tendria dose años y el otro sinco este ultimo sirbe hoy al medico Sor Dn Pintao apenas amanesio cuando dos contra mayorales y el mayoral nos sacaron llebando cadauno de los morenos su presa al lugar del sacrifisio yo sufri mucho mas de lo mandado pr.. guapito pero las sagradas leyes de la naturaleza a obrado en otros efectos maravillosos, la culpa de mi madre fue qe. biendo qe. me tiraba a matar se le tiró en sima y asiendose atender pude ponerme en pie cuando llegando los guardieros del tendal nos codugeron puesta mi madre en el lugar del sacrifisio pr. primera vez en su vida pues aunqe.. estaba en la asienda estaba esenta del trabajp como muger de un esclavo qe.. se supo condusir y aserse considerar de todos; viendo yo a mi madre en este estado suspenso no podia ni yorar ni discurrir ni huir temblaba inter sin pudor lo cuatro negros se apoderaron de ella la arrojaron en tierra pa.. azotarla pedia pr. Dios pr ella todo lo resistí pero al oir estallar el primer fuetazo, combertido en leon en tigre o en la fiera mas animosa estube a pique de perder la vida a manos de el sitado Silvestre pero pasemos en silencio el resto de esta exena dolorosa pasado este tiempo con otra multitud de sufrimientos semejantes pasamos a la Habana de despues de un año sin bariar mi suerte en nada estabamos pa. partir pa.. Matanzas y era cuando empeszaron a rodar las Monedas de Nuestro catolico Monarca el Sor. Dn. F. 7o llegó un mendigo pr. una limosna diome mi Sra. una peseta del nuevo cuño pero tan nueva qe. paresia acabada de fabricar, el Sor. Dn. Nicolas me abia dado la noche antes una peseta qe. traia yo en el bolsillo; tanto bale esta como esta otra dije yo y cambeandola fui a dar al mendigo su limosna fuime a mi lugar a sentarme en la ante sala cuidando de si me llamase o nesesitara de argien mi Sra. y de consiguiente saqué mi peseta y estaba como el mono dandole bueltas y mas bueltas lellendo y bolbiendo a leer sus inscripciones cuando escapandose de la mano la peseta calló en el suelo qe.. como era de ormigon y estaba entre junta la puerta y ventana al caer sonó dando su correspondiente bote no ubo bien caido cuando saliendo mi señora me pidió la pesetas se la di la miró y se puso como una grana isome pasar pr. su cuarto a la sala sentome en un rincon imponiendome no me mobiese de allí; pa. esto ya mi peseta estaba en su poder conosida pr. ser la misma sulla qe.. me abia dado no asi dos minutos, estaba la rescua de el ingenio de Guanabo actualmente descargando, con tales pruebas a vista de esta fatal moneda cotejada con otras y qe. no abia duda alguna ser la misma qe. acababa de darme no se quiso mas pruevas se sacó la muda de cañamaso se compró la cuerda y mulo en qe. yo debia ir estaba pronto sobrecojido estaba yo en lugar de retension estranando qe. todos los niños y niñas se asomaban a la puerta llorando y mi señora entraba y salia muy silensiosa pero diligente sentose y escribió pregunte quedito a una pr. mi hermano y supe qe. estaba encerrado serian serca de las nueve cuando beo entrar en la sala al negro arriero cuyo nombre no me acuerdo ahora este se asercaba ami desliando la equifasion abiendo ya dejado en el suelo una soga de Geniquen yo qe. esparaba mi comun penitensia viendo el gran peligro qe. me amenazaba me escapé pr.otra puerta pues tenía tres entra esta posesion, corri a mi protector el Sor. Dn. Nicolas y allé alli qe. todos lloraban pues ocultos en este lugar les debía estos tributos propios de la infansia, la niña concha me dijo anda adonde está papá el señor Marquez me queria vien yo dormia con el pr. qe. no roncaba y en sus vezes de jaqueca le daba agua tibia y le tenia la frente inter arrojaba y si una noche y parte del otro dia duraba este unico mal qe.. padesia yo no faltaba de su cabezera asi cuando llegué a su escritorio qe. todo fue un relampago, él estaba escriviendo pa. su ingenio y al berme hecharme a sus pies me preguntó lo qe. abia se lo dije y me dijo gran perrazo y po. qe. le fuistes a robar la peseta a tu ama, no señor repliqué yó el niño me la dió, cuando me dijo, anoche le contesté, subimos todos arriba preguntaron mostrando la moneda y dijo qe. no; a la verdad qe. la turbasion mia no me dejó aser una cabal relasión qe. aclarase un hecho tan evidente; una pregunta sien amenasas el aspecto de las equifasiones un ingenio tan temido en aquellos dias pr.. un tal Simon Diaz mayoral entonses cuyo nombre solo infundia terror en la casa cuando con el amenasaban todo se acumuló en mi corta edad de dies y seis años y yo no supe ya responder sino rogar y yorar, el Sor Marquez intermedió y pr. lo pronto me condujeron a mi calabozo, cuatro dias con sus noches estube alli sin ber el termino de mi arresto pr. fin al quinto dia como a las seis de la mañana abrieron la puerta pues en todo este tiempo no me alimentaba sino con lo qe. mi hermano y algun otro me daba pr. bajo la puerta; sacado fuera se me bistió mi equifasion trajose la cuerda nueba y sentado sobre un caja de asucar esperaba el momento en qe. todos estubieramos unidos pa. partir pr.. mar a Matanzas con todo el equi paje, mi hermano al pie de la escalera me miraba con los ojos lacrimosos y inflamados teniendo debajo el brazo un capotillo biejo qe.. yo tenia y su sombrerito de paja el no abia sesado de llorar desde qe. supo mi destino eramos tal en amarnos qe. no se dió caso de qe.. el comiese de una media naranja sin qe. yo tomase igual parte asiendo yo también lo mismo comiamos jugabamos saliamos a cualquier mandado y dormiamos juntos asi esta union binculada pr. los indisolubles lazos del amor fraterno se abia roto y no como otras yeses pr. algunas horas sino pr. algo mas de lo qe. yo ni nadie se atribió a imaginar; pr. fin toda la familia estaba pronta se me ató pa. condusirme como el mas vil fasineroso estabamos en la puerta de la calle cuando nos isieron entrar. La Señorita Da. Beatris de Cardenas hoy madre Purita en el combento de monjas Ursulinas fue la mediadora pa. qe.. no se viese sacar de su casa en tal figura a uno a quien todos tendrian compasion pues era un niño se me desatáron los brasos y una de las criadas contemporanes amiga y paisana de mi madre me ató un pañuelo a la cabeza como yo no usaba calzado ni sombrero nada mas tube qe. buscar salimos y nos embarcamos en la goleta de quien era patron Dn. Manuel perez y asiendonos a la vela a pocas oras nabegabamos pa. Matanzas. Tardabamos nosé pr. qe.. dos dias y al siguiente al amanecer dimos fondo en el puerto donde ibamos en cuanto llegamos mi hermano se dio prisa con migo en echarnos en el bote en la navegacion mi hermano me dió una muda de ropa qe.. abia cojido mia con la qe. me mude en cuanto llegamos a bordo pues aquel trage puesto pr. primera vez en mi vida nos asia a los dos un misrno efecto; asi qe.. llegamos a tierra con la demas familia como eramos pequeños y no teniamos que cargar debiamos irnos todos pa.. la casa del: comandante del castillo el Sor. Dn. Juan Gomez a quien se le dirigian cartas con ordenes aseca de la familia, nosotros qe..nada sabiamos de esto pr.. una parte y pr. otra el deseo de ber a nuestra madre, cuando entramos pr. la calle del medio en la segunda boca-calle doblamos con disimulo y tomando la calle del Rio nos enderezamos a paso largo pa. el Molino, como me vi desatar y qe. en todo este tiempo ni siquiera se me abia mirado ni preguntado pr. aquel trage en qe.. fui sacado ni mi consiensia en nada me asia culpado iva alegre a paso largo pa. llegar a los brasos de mi madre a quien amaba tanto qe. siempre pedia a Dios me quitase a mi primero la vida qe. a ella pr. qe. no me creia con bastante fuerza pa. sobre vivirla. Llegano en fin y asiendo al arministrador Mr. Dení un corto cumplimiento sin desirle casi nada sino qe. detras benia el resto de la familia picamos hasta dar con nuestra madre los tres abrasados formabamos un grupo mis tres hermanos mas chicos nos rodeaban abrazandonos pr. los muslos, mi madre lloraba y nos tenia estrechado contra su pecho y daba gracias a Dios pr. qe.. le consedia la gracia de bolber a bernos todo esto de pie no abia tres minutos de esta astitud cuan de repente llega a las puertas el moreno santiago sirviente de la casa ajitado bañado de sudor y colerico, el qe.. sin saludar a la qe. le vio naser y libro de qe. mi padre le sacudiese muchas veses el polvo en sus dias de aprendisage, echando una grumetada qe. nos sobrecojió a todos me dijo sin el menor reparo sal pa. afuera qe. desde el pueblo he benido corriendo dejandolo todo dado al diablo quien te mando benir, y quien me dijo qe.. me esperara le dije yo con una espesie de rabia crellendo aquello como cosa sulla y no jusgando el tamaño de mi mal agarrome pr. el brazo mi madre le pregunto qe.. avia yo hecho y el contesto ahora lo sabrá Ud. y sacando la cuerda de la Habana me ató y condujo pa. el tendal donde ya me esperaba un negro aquien se me entregó tomamos el camino del hingenio de Sn. Miguel y llegamos a él sería seca de las 11 a todas estas en allunas abrio la carta qe. se le embió de la Habana y con mucha dificultad ubo un par de grillos pa.. mi pues siendo tan delgado costó mucho pa. serrar tanto unas rocas qe. pa. quitarseme fue menester limarlas. Pr.. las cartas dirigidas al Sor. comandante devia yo aber sido condusido con un comisionado pr. el camino de Llumurí a este lugar po la prisa qe. nos dimos originó esto otro. 25 de mañana y otros tantos de tarde pr. espasio de nueve dias cuartos de prima y de madrugada era el fundamento de la carta interrogóme el malloral díjele lisa y llana la verdad y pr. primera vez vi la clemencia en este hombre de campo no me castigó y siendo aplicado a todos los trabajos me esforzaba cuanto podia pr. no llebarlos pues todos los días me paresia, qe. era llegada mi ora al cabo de 15 dias se me mandó buscar sin menester padrinos. En otra ocasión me acontesio un paso muy semejante a este viviendo en el pueblo frente a la iglesia en la casa del facultativo el Sor. Estorino mandando mi Sra. a cambear una onsa con el Sor. Dn Juan de Torres el hijo, fuy pa. traerla, a mi llegada se me mandó poner el dinero qe.. era menudo y pesetas sobre una mesita de caoba de las qe. estaban preparadas pa. tresillo en el gabinete al cabo de algun rato tomó mi señora el cambio sin contarlo como yo tenia pr. oficio cada media ora tomar el paño y sacudir todos los muebles de la casa estubieren o nó con polvo fuy a aserlo y tomando una de la media oja qe. serraba y abria parese qe. en la abertura de en medio se entró una peseta la qe. al dar con el paño salto en el suelo y sono mi ama qe. estaba en el cuarto siguiente al ruido salió y preguntandome por aquella moneda le dije lo qe. abia ocurrido, contó entonces su dinero y la alló de menos, la tomo sin desirme palabra, todo aquel dia sepasó sin la menor novedad, mas al dia siguiente como a las dies se aparesió el mayoral del ingenio Sn. Miguel ísome atar codo con codó y saliendo pr. delante debiamos ir pa.. el ingenio entonses supe qe. sospechando qe. yo hubiese introdusido en la reendija qe.. formaban la desunion de las dos ojas de la mesita queria quedarme con ella, el mayoral cuyo nombre ni apellido me acuerdo, al llegar a la calle del rio esquina opues a la media fabricada casa del Sor. Dn. Alejandro Montoto entonses cadete de milisias de Matanzas, se apeó y entrando en la fonda qe. alli abia pidió de almorzar pa. el y pa. mi me consolo disiendome qe. no tubiera cuidado abiendome desatado primero cuando yo comia el ablaba con otro hombre tambien de campo y me acuerdo qe.. le dijo su pobre padre me ha suplicado, lo mire con caridad yo tambien tengo hijos, alcabo de algun rato nos lebantamos, el me montó detras en el aparejo y llegamos al ingenio estube sentado toda la tarde en el trapiche de abajo me mandó de comer de lo qe. él comia y a la noche me entregó a una bieja qe. pr. su mucha edad no salia al trabajo y alli estube cosa de nueve a dies dias, cuando me mandó buscar sin qe. yo ubiere sufrido el menor quebranto. En esta época vivia mi padre pues fue este caso mucho mas anterior al pasado mi padre y algun otro criado me preguntaban y esaminaban sobre esto y yo les desia lo qe. abia pasado pero mi ama nunca crelló sino qe. era algun ardid de qe. me valia; pero yo creo qe. el tratamiento qe. alli tenia fue disposision sulla pues mi pronta buelta y el ningun caso qe. asia el mayoral de mi siendo tiempo de molienda me lo ase creer asi. este paso me susedió en tiempos en qe.. estubo en españa el Sor. Dn. Jo. A0. y fue la primera vez en mi vida qe. vi ingenio despues de esta se siguieron una multitud de sin sabores todos todos sin motibos justos, un dia de flato era pa. mi las señales de una tempestad y los flatos eran tan frecuentes qe. no puedo numerar los increibles trabajos de mi vida bastame desir qe. desde qe. tube bastante conosimiento

has-a. poco despues de acabada la primera constitusion de 1812 qe. me arroje a una fuga, no allo un solo dia qe. no este marcado con algun acaso lacrimoso pa. mi. Asi saltando pr. ensima de barias epocas dejando atras una multitud de lanses dolorosos me señiré unicamente a los mas esenciales como fuente o manantial de otras mil tristes visisitudes.

Me acuerdo qe. una vez abiendose rompido las narises como se tenia de costumbre casi diariamente se me dijo te he de matar antes de qe. cumplas la edad esta palabra pa. mi tan misteriosa como insinificante me causo tanta impresion qe. al cabo de unos dias lo pregunté a mi madre la qe. admirada me lo preguntó dos yeses mas y me dijo mas puede Dios qe. el demonio hijo mas nada me dijo qe.. satisfasiese mi curiosidad mas siertos avisos de algunos criados antiguos de mi nativa casa todos unanimes a y aun de mis mismos padrinos todo unanimes unqe. alterados en algunos me han dejado alguna idea de esta espresion.

En otra ocasion me acuerdo qe. pr. quese yo qe. pequenez iva a sufrir, pero un Sor. pa.. mi siempre bondadoso me apadrinaba como era de costumbre y dijo mire v. qe. este va a ser mas malo qe. Rusó y Vortel, y acuerdese v. de lo qe.. yo le digo esta fue otra espresion qe. me asia andar aberiguando quienes eran estos dos demonios cuando supe qe. eran unos enemigos de

Dios me tranquilise pr.. qe. desde mi infansia mis directores me enseñaron a amar y temer a Dios pues llegaba hasta tal punto mi confianza qe.. pidiendo al cielo suabisase mis trabajos me pasaba casi todo el tiempo de la prima noche resando sierto numero de padrenuestros y ave marias a todos los santos de la corte celestial pa. qe.. el dia siguiente no me fuese tan nosibo como el qe. pasaba si me acontesia algunos de mis comunes y dolorosos apremios lo atribuia solamente a mi falta de debosion o a enojo de algun santo qe.. abia hechado en olvido pa. el dia siguiente todavia creo qe. ellos me depararon la ocasión y me custodiaron la noche de mi fuga de matanzas pa.. la Habana como beremos pues tomaba el almanaque y todos los santos de aquel mes eran resados pr. mi, diariamente.

Viviendo en la casa del Sor. Estorino como he dicho qe. sabia algo de dibujo pintaba decorasiones en papel asi mi bastidores de guines cañas simarronas o cujes de llayas asia figuras de naipes y de carton y daba entreteniendo a los niños grandes funsiones de sombras chinescas y concurrian algunos y algunas niños del pueblo hasta la 10 o mas de la noche hoy son grandes señores y no me conosen asia titeres qe. paresian qe. bailaban solos estos eran de madera qe. yo formaba con un taja pluma y pintaba los hijos del Sor. Dn. Felis Llano Sor. Dn. Manuel y Dn. Felipe Puebla Sor. Dn. Franco Madruga o farruco y otros y otros como el Sor. Dn. José Fotom meneó delante de mi las orejas me propuse tambien yo menearlas y lo conseguí suponiendo la causa entonses fue cuando el Sor. Dn. Beranes descubriendo en mi los primeros sintomas de la poesia me daba lo qe. llaman pie forzado y cuando versaba en la mesa me echaba a urtadillas alguna mirada sin que mi señora lo penetrara pues a mas de suplicarselo yo el tenía bastante confianza en la casa y sabia lo estirado que yo andaba esto mismo me susedia con el padre Carrasedo con D. Antonio Miralla con Dn. Jose Fernandez Madrid todos en diferentes epocas. Si tratara de aser un esacto resumen de la istoria de mi vida seria una repetision de sususes todos semejantes entre si pues desde mi edad de trece a catorce años mi vida a sido una consecusion de penitencia ensiero azotes y aflisiones asi determino describir los sususes mas notables qe.. me han acarreado una opinion tan terrible como nosiva. Se qe. nunca pr. mas qe.. me esfuerze con la verdad en los lavios ocupare el lugar de un hombre perfecto o de vien pero a lo menos ante el juisio sensato del hombre imparsial se berá hasta qe. punto llega la preocupasion del mayor número de los hombre contra el infeliz qe. ha incurrido en alguna flaqueza. Pero vamos a saltar desde los años de 1810 11 y 12 hasta el presente de 1835 dejando en su intermedio un bastisimo campo de visitudes escojiendo de él los graves golpes con qe. la fortuna me obligó a dejar la casa paterna o nativa pa. probar las diversas cavidades con qe. el mundo me esperaba pa. deborar mi inesperta y devil joventud.

En 1810 si mal no me acuerdo, como yo era el falderillo de mi señora pues asi puede desirse pr. qe. era mi obligasion seguirla siempre a menos qe. fuese a sus cuartos pr. qe. entonses me quedaba a las puertas impidiendo la entrada a todos o llamando a quien llamase o asiendo silensio si consideraba qe.. dormia una tarde salimos al jardin largo tiempo alludaba a mi ama a cojer flores o trasplantar algunas maticas como engenero de diversion inter el jardinero andaba pr.. todo lo ancho del jardin cumpliendo su obligasion al retirarnos sin saber materialmente lo qe. asia cojí una ojita, una ojita no mas de geranio donato esta malva sumamente olorosa iva en mi mano mas ni yo sabia lo qe. llebaba distraido con mis versos de memoria seguia a mi señora a distansia de dos o tres pasos e iva tan ageno de mi qe. iva asiendo añiscos la oja de lo qe.. resultaba mallor fragansia al entrar en una ante sala nosé con qe. motivo retrosedió, ise paso pero al enfrentar conmigo llamole la atension el olor colerica de proto con una voz vivisima y alterada me preguntó qe. traes en las manos; yo me quedé muerto mi cuerpo se eló de improviso y sin poder apenas tenerme del temblor qe. me dió en ambas piernas, dejé caer la porsión de pedasitos en el suelo tomóseme las manos se me olio y tomandose los pedasitos fue un monton una mata y un atrevimiento de marca mis narises se rompieron y en seguida vino el arministrador Dn. Lucas Rodriguez emigrado de Sto. Domingo aquien se me entregó, seria las seis de tarde y era en el rigor del ivierno la volante estaba puesta pa. partir al pueblo yo debia seguirlos pero cuan frajil es la suerte del qe.. esta sujeto a continuas visisitudes, yo nunca tenia ora segura y en esta vez se berificó como en otras muchas como beremos, yo fuí pa.. el cepo en este lugar antes enfermeria de hombres cabran si esiste sincuenta camas en cada lado pues en ella se recibian los en fermos de la finca y a mas los del ingenio Sn. Miguel pero ya estaba basia y no se le daba ningun empleo alli estaba el cepo y solo se depositaba en él algun cadaber hasta la ora de llebar al pueblo a darle sepultura alli puesto de dos pies con un frio qe. elaba sin ninguna cuvierta se me enserró apenas me vj solo en aquel lugar cuando todos los muertos me paresia qe. se le levantaban y qe. vagavan pr. todo lo largo de el salon una bentana media derrumbada qe. caia al rio o sanja serca de un despeñadero ruidoso qe. asia un torrente de agua golpeaba sin sesar y cada golpe me paresia un muerto qe. entraba por alli de la otra vida considerar ahora qe.. noche pasaria no bien avia empesado a aclarar cuando senti correr el serrojo entra un contra mayoral seguido del arministrador me sacan una tabla parada a un orcon qe.. sostiene el colgadiso un maso de cujes con sincuenta de ellos beo al pie de la tabla el arministrador embuelto en su capote dise debajo del pañuelo qe. le tapaba la boca con una voz ronca amarra mis manos se atan como las de Jesucristo se me carga y meto los pies en las dos aberturas qe. tiene tambien mis pies se atan ¡Oh Dios! corramos un belo pr.. el resto de esta exena mi sangre se ha derramado yo perdí el sentido y cuando bolví en mi me alle en la puerta del oratorio en los brasos de mi madre anegada en lagrimas, esta a instansias de el padre Dn. Jaime Florid, se retiro desistiendo del intento qe. tenia de ponersele delante que se yó con qe. pretension a las nueve o poco mas qe. se levantó mi Sra. fue su primera diligensia imponerse de si se me avia tratado bien el arministrador qe.. la esperaba me llamó y me le presentó, me preguntó si queria otra. yes tomar unas ojas de su geranio como no quise responder pr. poco me susede otro tanto y tuve abien desir qe.. no, serian cosa de las onse cuando me entro un cresimiento se me puso en un cuarto, tres dias sin intermision estube en este estado asiendoseme banos y untos mi madre no benia alli sino pr. la noche cuando consideraba qe. estubiesen en el pueblo, cuando ya se contaba con mi vida y qe. al sesto dia andaba yo algun poco cosa era de las dose cuando me encontré con mi madre qe. atrabezaba pr. el tendal me encontró y me dijo Juan aqui llebo el dinero de tu libertad, ya tu vez qe. tu padre se ha muerto y tu vas a ser ahora el padre de tus hermanos ya no te bolberan a castigar mas, Juan cuidado he... un torrente de lagrimas fue mi unica repuesta y ella siguió y yo fuí a mi mandado mas el resultado de esto fue qe. mi madre salió sin dinero y yo quedé a esperar qe. se yo qe. tiempo qe. no he visto llegar.

Después de este pasaje me acontesió otro y es el siguiente estando en el molino trageron del ingenio unas cuantas aves capones y pollos como yo estaba siempre de sentinela al qe llegaba me tocó pr. deagrasia resibirlas entre la papeleta dejando las aves en el comedor o pasadiso debajo de la glorieta qe. se alla a la entrada lellose el papel y se me mando llebarlo al otro lado pa.. entregarse a Dn. Juan Mato qe. era mallordomo o selador de aquella otra parte, tomélo todo despidiendo al arriero he iva contento pues en este intervalo respiraba yo entregué lo qe. recibí y me acuerdo qe. eran tres capones y dos pollos pasado algunas dos semanas o algo mas fuí llamado pa. qe. diese cuenta de un capon qe. faltaba al momento dije qe. lo qe. vino fueron tres y dos pollos y qe. eso entregué quedose esto así mas a la mañana siguiente vi venir a el mayoral del ingenio abló largo rato con mi Sra. y fuese, serbimos el almuerzo y cuando, yo iva a meterme el primer bocado aprovechando el momento pr. qe.. pasado... me llamó mi ama y mandóme qe. fuese en casa del mayoral y le dijese qe. se yo qe. cosa aquello me dió mal ajo se me oprimió el corazón y fuí temblando, como yo estaba acostumbrado pr.. lo regular a irme a entregar yo mismo de este modo iva reseloso llegue a la puerta y estaban los dos el de la finca y el antes dicho dile el recado y asiendose sordo me dijo entra hombre como me allaba en el caso de estar bien con estas gentes pr. qe. cada rato caía en sus manos le ovedesí, iva a repetir el recado cuando el Sor Domingez qe. asi era el apellido de el del ingenio me cojio pr. un brazo disiendo ami es a quien el busca, sacó una cuerda de cañamo delgada me ató como a un fasineroso montó a. caballo y hechandome pr. delante me mandó correr y nos alejamos de aquellos contornos con prontitud era el fin qe. ni mi madre ni mi segundo hermano ni lo niños y niñas me viesen pr. qe. todos al momento llorarian y la casa seria un punto de duelo o me apadrinarian nos abiamos alejado como un cuarto de legua cuando fatigado de correr delante del caballo di un traspies y cai no vien avia dado en tierra cuando dos perros o dos fieras qe. les seguian se me tiraron en sima el uno metiendose casi toda mi quijada isquierda en su boca me atrabesó el colmillo asta encontrarse con mi muela el otro me agugereó un muslo y pantorrilla isquierda todo con la mayor borasidad y prontitud cuyas sicatrises estan perpetua a pesar de 24 años qe. han pasado sobre ellas tirose del caballo y separó los perros y mi sangre corria en abundansia prinsipalmente en la pierna isquierda qe. se me adormesió entelerio agarrome pr. la atadura con una mano hechando una retaila de obcenidades este jalon me decollunto el brazo derecho del qe. aun no he sanado pr. qe.. en tiempos rebuelto padezco en el sierto dolores como gotoso, caminado como pude llegamos al ingenio dos ramales con sus rocas me fueron puesta se me curaron las mordidas qe. se yo con qué unto y fuí pa. el cepo, llegó la noche fatal toda la gente esta en ila se me sacó al medio un contramayoral y el mayoral y sinco negros me rodean a la voz de tumba dieron conmigo en tierra sin la menor caridad como quien tira un fardo qe. nada siente uno a cada manos y pieses y otro sentado sobre mi espalda se me preguntaba pr. el pollo o capon, yo no sabia qe. desir pues nada sabia sufrí 25 azotes disiendo mil cosas diferentes pues se me mandaba desir la verdad y yo no sabia cual me paresia qe. con desir qe. me lo abia urtado cumplia y sesaria el azotar pero abia de desir qe. abia hecho con el dinero y era otro aprieto dige qe. compré un sombrero ¿dónde está? era falso dige que compre sapatos no ubo tal dige y dige y dige tantas cosas pr. ber con qe. me libraba de tanto tormento nueve noches padesi este tormento nueve mil cosas diferentes desia pues al desirme di la verdad y azotarme ya no tenia qe. desir qe. lo paresiese pa. qe. no, me castigasen pero no pr. qe. yo tal cosa sabia acabada esta operasion iva a arrear huelles de prima o de madrugada segun el cuarto qe. me tocaba todas las mañanas iva una esquela de lo qe. abia dicho en la noche; al cabo de los dies días el lunes esparsida la boz pr. todo el ingenio ya se sabia a fondo la causa de aquel genero de castigo cuando el arriero Dionisio cabandonga qe. era el arriero se presentó al mayoral disiendole no se me castigase mas pr.. qe. el buscado capon o pollo se lo abia comido el mayordomo Dn Manuel Pipa pues el dia qe. el le dió las aves pa. qe. la condujese pr. la tarde al molino con la papeleta se le quedó un pollo capon en la cosina sin advertirlo pero qe.. a las onse de la noche cuando el bolvió del pueblo condusiendo la rasiones del dia siguiente lo vio y pr. la mañana lo abiso al mayordomo no crellendo sino que fuese alguno qe.. lo abia urtado y escondido en su bojio qe. era la cosina, este le dijo qe. era de los qe. el debió aber llebado al molino mas no ostante lo tomo y dejandolo en su cuarto al dia siguiente su cosinera se lo guiso; llamada la morena Simona fue preguntada y declaró ser sierto dijo el malloral qe. pr. qe.. no abian ablado mas antes y dijo el Dionisi qe. nadien sabia pues solo se oia desir qe. capon, capon pero sin saber cual era, y qe.. a no aberselo yo contado a la simona y al Dionisio cual era el buscado capon nadien ubiera comprendido, no sé si se dio parte de este asunto pero lo sierto es qe. desde aquel dia sesó el castigo se me puso con un gran garapato a aflojar bagaso seco y apilar pa. qe. las canasta la condugeren alas hornallas, en este dia me tocó como uno de tantos ir a cargar asucar pa. la casa de purga como no podia andar se me quitó una roca y todas se me ubieran quitado si no temieran qe. fugara, estando metiendo ormas en unos de los tinglados hasia la isquierda acababa de soltar la orma y dado algunos pasos cuando paresia aberse desplomado el firmamento de tras de mi y era un gran pedaso del techo con unas cuantas bigetas qe.. se derrumbó detras de mi cojiendo debajo al negro Andres criollo yo con el susto cai pr.. una abertura abajo de la casa de purga mi guardiero gritaba toda la negrada boseaba acudieron a sacar a Andres y yo me sali como pude pr. la parte baja de la puerta, sacaron al antes dicho con mil trabajo y tenia todo el craneo roto el peyejo del serebro arrollado los ojos rebentados. Condujeronlo al Molino y murió a pocas oras; a la mañana siguiente aun no abia el aire bien disipado la neblina vi apareserse al niño pancho hoy Sor. Dn. Franco De cardenas y Manzano yo estaba debilmente en mi ejersisio de aflojar y apilar bagazo cuando se me presentó seguido de mi segundo hermano, el cual me isinuo qe. benia pr. mi, y el cambio de trage y de fortuna fue todo uno; cuando llegó el desgrasiado a quien las bigas maltrataron se disbulgó qe. yo estube a pique de pereser tambien pr. lo qe. mi hermano qe. servia al niño pancho alcanso qe. pidiese a su madre pr. mi y lo consiguió sin la menor dificultad, cuando llegamos como tube qe. benir a pie una legua de camino bastante escabroso ya el Señorito se abia adelantado en su jaca, mi hermano y el niño me presentaron a la señora mi ama la qe. pr. primera vez vi qe. me trato con compasión me mandó pa. lo interior de la casa, mi corason estaba tan oprimido qe. ni la comida qe. era pa. mi la mas sagrada y presisa atención, queria ber, cai en una tristesa tal qe.. ni biendo a todos los muchachos enrredado en juegos ni pr. qe. me llamaban salia de mi triste abatimiento comia poco y casi siempre llorando, con este motivo se me mandaba limpiar las caobas pa. qe. no estubiese o llorando o dormiendo toda mi vivesa desaparesió y como mi hermano me queria tanto se iso entrambos comun este estado el no asia mas qe.. estarme consolando pero este consuelo era llorando conmigo con este motivo ya no se me llebaba al pueblo detras de la bolante y todos caian sobre mi pa.. aserme jugar y yo no salia de mi melancolico estado entonses me dedicaron a dormir con el niño pancho y mi hermano en un cuarto me compraron sombrero y zapatos cosa pa. mi muy nueba se me mandaba banar y a paseos pr. la tarde y iva a las pescas y a cazar con un Señor pasado algun tiempo nos benimos a la Habana y se me dejó con el Sor. Dn. Nicolas que me queria no como a esclavo sino como a hijo apesar de su corta edad entonses se me fue disipando aquella tristeza imbeterada en mi alma y se me declaro un mal de pecho con una tos media epazmodica qe. me curó el Sor. Dn. Franco. Luvian; el tiempo disipó alludado de mi joventud todos mis males estaba bien tratado mejor bestido y querido tenia casaca qe.. me mandaba aser mi nuevo amo tenia muchos reales y era mi ofisio recoser toda su ropa limpiar sus sapatos asearle su cuarto y darle de bestir solo me privava la calle y la cosina y el rose con personas de malas costumbre como este señor desde bien joven ogservó unas costumbres perfecta e irrepreensibles queria qe. todo lo qe. estubiese a su alcanse fuera lo mismo, y conseguí con el nunca aber resibido la mas leve recombension y lo queria sin tamaño; biendolo qe. apenas aclaraba cuando puesto en pie le preparaba antes de todo la mesa sillon y libros pa.. entregarse al estudio me fui identificando de tal modo con sus costumbres qe. empese yo tambien a darme estudios, la poesia en todos los tramites de mi vida me suministraba versos analogos a mi situasion ya prozpera ya adversa, tomaba sus libros de retorica me ponia mi leccion de memoria la aprendia como el papagallo y ya creia yo qe. sabia algo pero conosia el poco fruto qe. sacaba de aquello pues nunca abia ocasion de aser uso de ello, entonses determiné darme otro mas util qe. fue el de aprender a escrivir este fue otro apuro no sabia como empesar no sabia cortar pluma y me guardaria de tomar ninguna de las de mi señor sin embargo compre mi taja pluma y plumas compre papel muy fino y con algun pedaso de los qe. mi señor botaba de papel escrito de su letra lo metia entre llana y llana con el fin de acostumbrar el pulso a formar letras iva siguiendo la forma qe. de la qe.. tenia debajo con esta imbension antes de un mes ya asia renglones logrando la forma de letra de mi señor causa pr. qe.. hay sierta identidad entre su letra y la mia contentisimo con mi logrado intento me pasaba desde las sinco hasta las dies ejersitando la mano en letras menudas y aun de dia cuando tenia lugar lo asia tambien poniendome al pie de algun cuadro cuyos rotulos fue de letras mallusculas con muchos ras logré imitar las letras mas ermosas y llegue a tenerla entonses qe. mas paresian gravadas qe. de pluma el Sor. Marquez me encontró una vez y pr. lo qe. dijo aserca de ella llegué a creer qe. ya sabia escrivir entonces supo mi señor pr. los qe. beian desde las sinco con mi tren de escritura qe. yo pasaba todo el tiempo embrollando con mis papeles no pocas veces me sorprendió en la punta de una mesa qe. abia en un rincón imponiendome dejase aquel entretenimiento como nada correspondiente a mi clase qe. buscase qe. coser, en este punto no me descuidaba pr. qe. siempre tenia alguna piesa entre manos pa. ganar proivioseme la escritura pero en vano todo se abian de acostar y entonces ensendia mi cabito de bela y me desquitaba a mi gusto copiando las mas bonitas letrillas de Arriaza a quien imitando siempre me figuraba qe.. con pareserme a él ya era poeta o sabia aser versos, pillaronme una vez algunos papelitos de desimas y el Sor. Dr. coronado fue el primero qe. pronostico qe. yo seria poeta aun qe. se opusiera todo el mundo supo como aprendí a escrivir y con qe. fin y aseguraba qe. con otro tanto an empesado los mas, en tanto qe.. esto asia mi señor estaba en bispera de enlasarse con la Señorita Da. Teresa de Herrera y yo era el mercurio qe.. llebaba y traia (pero por su puesto ya pedida) este distinguido lugar me lucraba mucho pues tenia doblones sin pedir tanto qe. no sabia qe.. aser con el dinero y despues de aser gran provision de papel pluma bonito tintero buna tinta y regla de caoba lo demas se lo embiaba a mi madre en efectivo pasamos a Guanajai con motivo de la temporada qe.

los Sres. condes de Jibacoa asen todos los años y alli mi futura ama no le quedó fabores que no me prodigase como la primer costura qe. me enseñó mi Señora fue la de mugeres, al lado de señora Dominga muger blanca su costurera tube A grande honor de costurar en algunos tunicos de mi señorita pues yo sabia y sé de guarnisiones colchones colgaduras de cama coser en olanes y hasta marcar en olan cambrai lo qe. me era muy selebrado en obsequio de la fina educasion qe. me dio mi ama; entre mil contentos pasé pasé todo el tiempo qe. duró la correspondensia hasta qe. serví las bodas y fuy su page de ljbrea cuando salian a paseo y misa, con esta ama mi felisidad iva cada dia en mas aumento asiendo qe. se me guardase en el numero de su familia las mas pulidas considerasiones y mi señor por lo tanto la imitaba biendome esmerarme en darme gusto en el cumplimiento de mis obligasiones. Cosa fue de tres años poco mas esta felisidad, cuando viniendo mi señora la de Matanzas olló la fama de mis sebisio en toda clase y sin saber yo pr. qe. determinó llebarme otra vez con sigo, era tal mi ajilidad prinsipalmente en la asistensia de enfermos asi tan chiquitillo com paresia en mi edad de 18 años qe.. se me pedia prestado en la familia cuando abia alguno enfermo de belarse, como sucedió esta vez, asistia al Sor Dn. José Ma. de Peñalber qe. estaba de cuidado pr. un dolor qe. padesia; yo no mas le sabia templar el vaño darle la bebida a tiempo alludarle a lebantar pa. siertas diligensias sin apretones y enjugarle cuando se vañaba, en toda la noche pegaba mis ojos con el reloz delante papel y tintero donde allaba el medico pr. la mañana un apunte de todo lo ocurrido en la noche asta de las veses qe. escupia dormia roncaba sueño tranquilo o inquieto, el Sor Dn. Andres Ferriles Dr. Dn. Nicolas Gutierres y otros biendome asistir enfermos me han selebrado este orden qe.. he seguido en muchas ocasiones; yo estaba como dige asistiendo al Sr. Dn. Jose Ma. cuando vino mi señora qe. impulsada de tantos elogios me insinuo la determinasion que tenia con mucho cariño, yo la oi con tibieza pues se me nublo el corazon al considerar qe. iva de nuevo a unos lugares tan memorables y tristes pa.. mi, no estaba el Sor. enteramente bueno pero seguia en cama; nos fuimos sin tardanza a la casa de la Sra. Condeza de Buena vista su hermana pr. partir entre algunos dias, no debía ir yo mas donde mis otros señores, pero a pesar de esta orden fui a despedirme de ellos, el Sor. Dn Nicolás qe. desde bien chico me queria, con mis servisios me lo avia acavado de ganar, este y su resiente esposa se me despidieron llorando me regalaron con oro a cual mas, la señorita me dio unos cuantos pañuelos de olan usados y dos doblones de acuatro y mi señor me dio toda la ropa entre ella las dos casacas qe.. me abia mandado aser y un doblon de acuatro, de toda la familia me despedí y todos llorabamos pues viviamos en la más perfecta union; me fuy tan contristo y entre en tantas reflecciones qe. pr. la mañana entre nueve y dies me determine a pedir papel pa. buscar amo, asombrose mi señora de esto y me dijo qe. si yo no conosia mi bien y qe. si ella me llebaba era pr. qe. lo debia de aser pues no debia de estar sino a su lado hasta qe. determinara de mi me bolvió la espalda y senti aberle dado aquella molesta, a la ora de la comida encasa de la Señora condeza movio la espesie en la mesa manifestando a su hermana mi arrojo y se acaloró tanto qe. me dijo delante de todos qe. esa era la correspodensia mia a los desvelos qe. abia puesto en mi educasion me pregunto si me abia puesto alguna vez la mano y por poco lo hecho a perder todo, pero dije qe. no; me preguntó si me acordaba de mama mia y le dige qe. si, pues yo he quedado en su lugar ¿me olles? me dijo, y con esto será pr. entonses, concluido el reso de pr. la tarde me llamó a solas la Sra. condesa en union de la Sra. Da. Mariana Pisarro pa. desimpresionarme crellendo qe.. mis otros amos me ubiesen aconsejado, las ise saber qe. temia a mi señora pr. su genio vivo, pero nada bastó siempre quedando en su error, me dijo la Sra. condeza qe. yo devia de estar con mi ama y esperar de ella mi livertad.[3] partimos pr. fin a matanzas asiendo mansion en el molino se me señalaron obligasiones y en poco tiempo me allé al frente de los qe. me vieron naser y de tal modo qe. los oscuresia sobre saliendo en mi servisio, se les daba en rostro cuando tenian algun descuido con la esactitud con qe.. llenaba mis deberes esto me trajo grande ojerisa de los mas en este tiempo ya yo andaba pr. toda la casa pero concluido el almuerzo iva a mis acostumbrados lugares donde cosia de todo en esta epoca nos fuimos a vivir al pueblo en la calle del rio casa del Sor. Dn. Felis Quintero estabamos abia cosa de dos semanas cuando una mañana muy temprano se vino al comedor contiguo al dormitorio de mis señora un gallo fino y canto yo dormia en este lugar si el gallo canto mas de una vez no lo sé pero cuando lo oi desperté lo espante y me puse en pie, a la ora de costumbre se lebantó mi señora y esto fue motivo pr. qe. si no buscase con tiempo al Sor. Dn. Tomas Gener pr. padrino ubiera ido a aprender a madrugar al Molino, yo tenia edad como de dies y nueve años y tenia cierto orgullito en saber cumplir mi obligasion, y no me gustaba me mandasen las cosas dos veces ni qe. me abochornaran pr. tribialidades; pero el plurito de abatir el amor propio del qe. esta mas serca de la grasia de su amo es un mal cotajioso qe. hay en todas las casas grandes asi susedio qe. pr.. una de estas razones quiso uno abatirme ajandome con malas espresiones hata llegar a desirme la tal de mi madre se la bolvi con otra de igual tamaño diome una garnatada qe. no pude evitar y le embestí, la Sra. no estaba en casa y yo debia irla a buscar a las 10 en casa de la Sra. Gomes partime antes de tiempo y cuando tornamos a casa se lo contaron me interrogó en este asunto y me disculpé disiendo el qe.. me dise la tal de su madre esta epuesto conmigo, con qe. si te lo buelbe a desir bolberás a fatar al respeto de mi casa, digele qe. no faltaria al respeto siempre qe.. no me dijese tal espresion, al tercer o cuarto dia fuimos a almorzar al Molino yo no estaba tranquilo esperando la ora de quiebra yo conosia las barias actitudes de mi vida y no dudaba de lo que me iva a suseder vi venir al mayoral y no tenia el animo ya pa. aguantar azotes, me escape pr. la esparda del jardin y corri tanto y en tan brebe tiempo qe. cuando me buscaban pr. toda la casa yo estaba oculto entre los mangles camino del castillo, pr.. la tarde me fui al pueblo en casa del Sor. Conde de Jibacoa qe. me llebo padrinado; me daba berguenza estos padrinamientos y yo no estaba a gusto y lloraba a mares cuando me acordaba de la estimasión qe. gozaba con mis otros amos en la Habana me afligia mas la larga distansia qe. me separaba de ellos no pasaron sinco dias sin qe. que se yo pr.. qe. nimiedad se mando buscar un comisionado me ató en la sala y me condujo a la carsel publica a las onse del dia a las cuatro vino un moso blanco de campo me pidió, me sacaron se me vistió una muda de cañamazo se me quitaron los zapatos, y alli mismo me pelaron y una collunda nueva de geniquen ató mis brazos saliendo pr. delante pa. el Molino; el qe.. ya abia olvidado todo lo pasado, probando las delisias de unos amos jovenes y amables, algun tanto en vanesido con los fabores prodigados a mis abilidades y algo alocado tambien con el aire de cortesano qe. abia tomado en la ciudad sirviendo a personas qe. me recompensaban siempre y se beia tratado deste modo me asian pensar insensa-nitemente qe. en la Habana lograria mejor fortuna, llegué pues al Molino, Dn Saturnino Carrias Joven Europeo era arministrador entonses me esami-nó aserca de la culpa qe. tenia pr.. aquello se lo dije y me mando al campo sin ponerme ni la mano ni las prisiones estube alli como nueve dias en los trabajos de la finca y una mañana qe.. vine a almorzar mi Sra. me mando buscar bistiome de ropa fina y detras de la bolante me condujo otra vez al pueblo y su servisio ya yo era un objeto conosido pr. el chinito o el mulati-co de la Mara.. todos me preguntaban qe. abia sido aquello y me abochor-naba satisfaser a tanto curioso; en estos tiempos fue la esposa del Sor. Apodaca governador de la Habana se le preparó en casa una funsion digna del personage qe. era.

El pintor y maquinista El Sor. Aparicio fue condusido a Matanzas pr.. oras a trabajar una transformasion de escaparate biejo en una ermosa cascada debia pintarse algunos emblemas alusibos a la rosa pues se lla-maba la Sra. Da. Rosa Gaston yo le alludé y asta concluida la obra me regalo media onsa pues alludandele una noche pr. gusto a llenar barias girnaldas descubrió qe. le podia ser util y con poco qe.. le dije me pidió a mi señora no como ofisial sino como peon, pero yo le sombreaba en particular las rosas qe. pr. las bariedad de formas de ella qe.. conosia era diestro en este arte, al retirarse me dio media onsa, y concluida la funsion fui gratificado como los demas con un doblon de a dos pesos yo guardaba este dinero con intension de gastarlo en la Habana. Descubrió mi ama qe. de media noche pa. el dia se descamisaban los criados en un almasen jugando al monte, yo no sabia de esto pr. qe.. ni dormia alli ni se dejarian tampo ver de mi pues esto era a puerta serrada la primera diligensia de mi señora fue registrarme al dia siguiente y allandome con mas dinero del qe. me abia dado me jusgó complise quitóme todo el dinero aun qe. le declaré elcomo lo abia tenido pues devi aberselo dicho y fui otra vez al molino tampoco me susedió nada apesar de las reco-mendasion a los siete u ocho dias se me mandó buscar discurrio algun tiempo sin la menor novedad cuando acontesió la muerte casi sudvita-nea de mi madre qe. se privó y nada pudo declarar a los cuatro dias de este caso lo supe tributéle como hijo y amante cuanto sentimiento se puede considerar entonses mi señora me dió los tres pesos de las misas del alma o de San Gregorio las qe. mandé desir al padre cuajutor algunos dias despues me mandó mi señora al Molino pa. qe. recojise lo qe. mi madre abia dejado, di al arministrador una esquela con la qe. me entregó la llave de su casa en la cual solo allé una caja grande muy antigua pero basia, tenia esta caja un secreto qe. yo conosia ise saltar el resorte y allé en su hueco algunas jollas de oro fino entre ellas las de mas merito eran tres manillones antiguos de serca de tres dedos de ancho y muy gruesas dos rosarios uno de oro todo y otro de oro y coral pero rotos y muy susios allé tambien un lio de papeles qe. testificaban barias deudas abiendo entre ellos uno de dosientos y pico de pesos y otro de cutrosientos y tantos pesos estos debian cobrarse a mi señora y despues de estos otra porsion de menores cantidad. Cuando yo nasí desde el campo me dedicó mi abuelo una potranca balla de raza fina y de esta nasieron sinco qe.. mi padre iva dedicando a cada uno de mis hermanos de ellos tres parieron tambien y vino de aber el numero de 8 entre estas particularmente una era diforme y paresia un caballo era rosilla oscura siempre paresia qe.. tenia el pelo untado en aseite, pr. lo qe. el Sor. Dn Franco. pineda lla quiso comprar pero mi padre parese qe.. pedia demasiado esta y otra estando pa. parir se malograron en el serbisio de la asienda cargando baules a la Habana de estas abia los resibos o pagares; llegado el dia siguiente di cuenta a mi ama de lo qe. avia y tambien los resibos o papeletas pasados seis o mas dias pregunto a mi señora si abia smd. rebisado los papeles qe. le abia entregado contestome en tono agradable qe.. todabia di esta repuesta a la parda Rosa Brindis qe. cuidaba de la educasion de mi hermana Ma. del Rosario qe. como era libre a istansias de mi misma señora la tenia inter fuera capaz de governarse esta me instaba a qe. no dejase de recordarle cada vez qe. pudiese pues queria la parte de mi hermana pa. su mantension como qe. la abia criado, qe. ella sabia qe. la señora le tenia a mi madre guardado dinero pa. qe.. lo partiese entre todos sus hijos si ella muriese y yo como mayor de todos debia andar esto con tal abiso cuando ubieron pasado algunos dias mas, aguijado sin sesar de esta muger me

determiné a ablar a mi señora en segunda vez lleno de las mas alhague-
ñas esperanzas; pero cual seria mi asombro cuando incomoda me respondió mi señora qe. si estaba muy apurado pr. la erensia qe. si yo no
sabia qe. ella era eredera forsosa de sus esclavos encuanto me buelbas
a ablar de la erensia te pongo donde no beas el sol ni la luna; marcha a
limpiar las caobas; esta esena pasó en la sala del Sor. Dn. Felis Quintero
serian las onse de la mañana al dia siguiente manifesté a la Rosa lo qe.
avia pasado no me acuerdo de lo qe. dijo solo si qe.. todas sus duras
espresiones ivan a caer sobre las senisas de mi pobre madre de alli, a
dos dias era algo mas de las dose cuando se aparesio pidio permiso pa.
ablar a mi señora consediosele y estubo con ella largo rato; yo estaba en
la espensa qe. estaba frente a la puerta de la calle asiendo que se yo
que, cuando entro na Rosa dijome qe. fuera pr.. allá pr. su casa cuando
tubiese ocasion la ise esperar y le di de las tres manillas dos quedando-
me con una y tambien le di todos los pedasos de rosarios un relicario qe.
disen qe. en su tiempo no se tenia pr. una onsa era grande guarnesido
de cordones de oro lamas del mismo metal y el divino rostro de Jesus
estaba en el medio era muy abultado y tenia como dos cuartas de una
cadenita muy coriosamente trabada todo de oro, embolbiola bien, mas
estando pa. partir mi señora qe. no me perdia nunca de vista, se aserçó
a nosotros y manifestandole no era de su agrado tubiese aquella familia-
ridad conmigo ni ninguno de sus esclavos se concluyó con qe. ella no
bolvió a poner sus pies en casa pr. lo qe. toca ami desde el momento en
qe. perdi la alhagueña ilusion de mi esperansa ya no era un esclavo fiel
me combertí de manso cordero en la criatura mas despresia y no queria
ber a nadien qe. me ablase sobre esta materia quisiera aber tenido alas
pa. desapareser trasplantandome en la Habana se me embotaron todos
los sentimientos de gratitud y solo meditaba en mi fuga pasado algunos
dias bendi a un platero la manilla me dio siete pesos y algunos reales pr.
ella y en la noche cuando dejé a mi ama en casa de las Sras Gomes le
lleve los pesos al padre cuajutor pa. misas pr. mi madre y los reales fueron en belas pa. las animas no tardó mucho tiempo mi señora en saber
pr. el misrno padre qe.. avia mandado desir tantas misas, preguntome de
donde tenia ese dinero mas como lo qe. yo menos apresiaba pr. enton-

ses era vivir le dije sin rodeos qe. bendí una manilla, quiso saber a quien mas como di palabra al platero de no desirlo me sostube disiendo qe. a uno qe. no conosia; pues ahora sabras pa.. que nasistes me dijo tu no puedes disponer de nada sin mi consentimiento fuy preso al Molino ya era esta la tersera vez preguntóme Dn Saturnino lo qe. abia dijeselo todo con enfado la desesperasion abia ocupado el lugar de todos mis sentimientos mi madre era lo unico qe.. alli tenia y esa no esistia mis lagrimas corrian con abundansia mientras contaba a Don. Saturnino la distribusion del dinero; mandóme desatar y me mandó pa. su cosina encargandome no saliese de allí, me daba de lo qe. el comia y dormia en el pesebre de los caballos, me enseño la carta de recomendasion, y a la verdad qe, me ubiera pesado toda mi vida la lisensia qe. me tomé. ¿Pero yo criado en la oscuridad de tanta ignoransia qe. podia saber? al cabo de ocho o dies dias me llamó y me iso poner unas prisiones pr. qe. venia la señora a almorsar al dia siguiente, y me mandó al campo encargandome si me preguntaban si abia sufrido asotes qe. dijese qe. si; a las nueve poco mas resibió orden el contra mayoral de embiarme pa. la casa de vivida, me resistí a ir pero amenasado con dureza tube pr. buen partido ovedeser el arministrador me resivio con una muda de ropa fina de color esto es pantalones y chupa qe. bestí cuando le fuy a entregar aquellos andrajosos despojos me dijo con sierto aire de firmeza estas palabras qe. me aterraron. Saabes lo qe. te digo qe. en menos de dos meses as benido a mi poder tres ocasiones y nada te ha susedido pon los medios pa. no bolber mas pr. qe.. te lleban los demonios, anda qe. la señora te espera anda y cuidado este Sor de nasion gallega era de genio vivo y duro de cararte era joven como de 25 a 28 años y tanto los del campo como los de la casa de vivienda le temian en sumo grado pues no solo yó andaba de estos baibenes, cuando llegué a los pies de mi señora me postré pedí perdon de mi falta me mandó sentar en el comedor y en acabando de almorzar me mandó un abundante plato qe. yo no prové; mi corazon ya no era bueno y la Habana juntamente con los felises dias qe. en ella gosé estaban impresa en mi alma y yo solo deseaba berme en ella notó mi señora el caso qe. avia hecho de la comida y no dejó de maravillarse de qe. no me alegrase el corazon un buen plato.

Es de admirarse qe. mi señora no pudiese estar sin mi 10 dias seguidos asi era qe.. mis prisiones jamas pasaban de 11 a 12 dias pintandome siempre como el mas malo de todos los nacidos en el molino de donde desia qe. era yo criollo esto era otro genero de mortificasion qe.. yo tenia la amaba apesar de la dureza con qe. me trataba y yo sabia muy bien qe. estaba bautisado en la Habana. estando otra vez en el pueblo no se pr. qe. me trata entonses con dulsura; si yo nunca podre olvidar qe. le debo muchos buenos ratos y una muy distinguida educasion me mandaba a pasear pr. la tarde sabia qe. me gustaba la pesca y me mandaba a pescar si abia maroma tambien; pr. la noche se ponia en casa de las Sras. Gomes la manigua qe. luego fue monte y yo debia al momento qe. se sentaba pararme al espaldar de la silla con los codos abiertos estorbando asi qe. los de pie no se le hechasen en sima o rosasen con el brazo sus orejas en acabando qe. era pr. lo regular las dose o una si ganaba llebaba yo el tale-guillo pa.. casa y en llegando al resibirlo metia la mano y cuanto cojia me lo daba sin contar sirbiole de mucho asombro y contento cuando me vió asiendo un pantalon de mi cuenta lo cosia al maestro Luna qe.. tenia su tienda en la casilla qe. estaba en la plazuela junto a la iglesia esta abili-dad la aprendi pr. si ogserbando como estaba la de otros pantalones pues no sabiendo mas qe. costurar tunicos y camisones y guarnisiones, desde qe. me llene o me llenaron de la idea de qe. seria libre pronto traté de lle-narme de muchas abilidades ya era repostero y sacaba de mi cabeza muchas ideas a las qe. faboresian la idea de dibujo qe. adquirí con los diferentes maestros qe. enseñaban a los niños, en mis ratos osiosos qe. eran pocos imbentaba doblones en pedasitos de papel y luego era una curiosa servilleta la flor, la piña, la concha la charretera el abanico y otras de menos grasias, son frutos de mis ratos perdidos con ellas he lusido algun tiempo y otros lusen aun; tenia yo desde bien chico la costumbre de leer cuanto era leible en mi idioma y cuando iva pr. la calle siempre anda-ba recojiendo pedasitos de papel impreso y si estaba en verso hasta no aprenderlo todo de memoria no resaba asi sabia la vida de todos los san-tos mas milagrosos y los versos de sus resos los de la nobena de Sn. Antonio las del trisajio en fin todos los de santos pr. qe. era los qe. alcansaba la mesa de mi señora en los dias de comidas qe. eran casi diarios la coronaban regularmente tres o cuatro poetas improvisadores los qe. al concluirse la comida me dejaban bastante versos pues tenia mi cascara de huevos y mi pluma y apenas acababan inter otros aplaudian otros rebosaban la copa yo detras de alguna puerta copiaba los trosos qe.. me quedaban en la memoria cuando mi ama dulsificó conmigo su genio yo dejé insensiblemente sierta duresa de corazon qe. abia adquirido desde la ultima vez qe. me condenó a la cadena y el trabajo perseberando en no ponerme ni mandarme poner la mano abia olvidado todo lo pasado y la amaba como a madre no me gustaba oir a los criados motejarla y ubiera acusado a muchos si no me constase qe. el qe. le iva con un cuento era quien la ofendia pr. qe. aquel lo iso donde ella no lo olló y el qe. se lo desia se valia de este medio pa. molestarla; masima qe: le oi repetir muchas veses yo estaba como nunca bien mirado y nada echaba de menos y me asia el cargo de qe. era ya libre mas se esperaba a qe. supiese trabajar y tubiere edad competente pa. resibirla esto me iso internarme tanto en siertas artes mecanicas y lucrativas qe. si hoy lo fuera no me faltaria no digo qe. comer sino qe. tener; en esta epoca escrivi muchos curdenos de desimas al pie forsado qe.. bendia Arriaza a quien tenia de memoria era mi guia; la poesia quiere un objeto a quien dedicarse, el amor regularmente nos inspira yo era demasiado ignosente y todavia no amaba de consiguiente mis composisiones eran frias imitasiones.

Al cabo de tres meses o cuatro de mi ultimo acaesimiento se armó viage a madruga donde devia mi señora tomar baños y fuimos en efecto, con sus males tomó mi Sra su antiguo mal umor, se me echaba en rostro sin sesar la livertad qe. tomé en disponer de aquellas prendas abiendo menores qe. eran en numero de sinco y esto se me reputaba pr. urto, balla v. a ber en qe.. manos se pondria la erensia y bienes de los otros, pa. qe.. lo jugase todo en cuatro dias y sin sesar se me amenasaba con el Molino y D. Saturnino las ultimas espresiones de este estaban gravadas en mi corazon y yo no tenia la menor gana de bolberme a ver con él pregunte cuantas leguas distaba de allí la Habana y supe qe. dose allé qe. no las podria benser en una noche de camino a pie y desisti de pensar mas en berme en la

Habana esperando qe.. cuando fuese alguna vez aser qe. mi suerte se desidiese siempre con la idea de qe. era libre.

Un dia, este dia de resignasión prinsipio de cuantos bienes y males el mundo me ha dado a probar es como sigue era sabado debia antes del almuerzo segun tenamos de costumbre asearme pues bestia dos veses a la semana, pa. ello me fui al baño de la paila qe. distaba al frente de la casa en un declibio unos treinta pasos estandome bañando me llamaron pr. orden de la señora ya se puede considerar como saldria; me resibió preguntando qe. asia en el baño le contesté qe. me aseaba pa. bestir, ¿con qe.. lisensia lo has hecho? con ninguna contesté. ¿y pr. qe. fuiste? pa.. asearme, esta esena fue en el comedo o colgadiso puerta de calle, alli mismo mis narises se rompieron y fuy pa. a dentro hechando dos benas de sangre, esto me apesadumbró y albochornado de qe.. a la otra puerta vivia una mulatica de mi edad primera qe. me inspiró una cosa qe.. yo no conosia era una inclinasion angelical un amor como si fuera mi hermana yo la regalaba sartas de maravillas de colores qe. ella resibia dandome algun dulse seco o fruta yo la avia dicho qe.. era libre y qe. mi madre avia muerto poco abia; no bastando lo ya dicho como a la dies me iso mi ama quitar los sapatos me pelaron, aun qe.. esto era muy frecuente, esta vez me sirvio de la mayor mortificasion, y asiendome tomar un barril me mando cargase agua pa. la casa el arrollo distaba del frente de la casa unos treinta pasos asiendo una bajadita cuando llené mi barril me alle en la necesidad no solo de basiarle la mitad sino también de suplicar a uno qe. pasaba me alludase hecharlo al hombro, cuando subia la lomita qe.. abia hasta la casa con el peso del barril y mis fuerzas nada ejersitada faltóme un pié caí dando en tierra con una rodilla el barril calló algo mas adelante y rodando me dió en el pecho y los dos fuimos a parar a el arrollo, inutilisandose el barril se me amenasó con el molino y Dn. Saturnino a quien ya yo temia, se suponia aquel suceso como de premeditada intension y la amenasa era grave, no llegué a la noche sin desgarrar muchos esputos de sangre; este tratamiento me fue de nuevo en cuanto a los errados carculos qe. abia formado de mi suerte desengañado de qe. todo era un sueño y qe. mi padeser se renobaba me acometió de nuevo la idea qe. tenia de berme en la Habana; al dia siguiente qe. era domingo cuando la gente estaba en misa me llamó un criado libre de la casa y estando a solas con él me dijo; hombre qe. tu no tienes berguenza pa. estar pasando tantos trabajos cualquiera negro bozal está mejor tratado qe. tú, un mulatico fino con tantas abilidades como tú al momento hallará quien lo compre pr. este estilo me abló mucho rato conclullendo con desirme qe. llegando al tribunal de el capitan general asiendo un puntual relato de todo lo qe. me pasaba podia salir libre insinuome el camino qe. de alli benia la Habana disiendome qe. aprobechara la primera oportunidad, qe. no fuera bobo esto me afligio muchisimo pues sin el menor abiso temia mas de los regular, cuanto mas temeria con las terribles insinuasiones qe. me iso, y qe. no pongo demasia aqui pr. demasiado impertinentes. eran las onse de la mañana del dia lunes cuando vi llegar a Dn Saturnino apeóse y le tomaron el caballo, desde el momento en qe. este señor entró se me asivaró toda la vida el corazon me latia con insesante ajitasion y mi sangre toda en un estado de eferbesensia no me dejaba sosegar regularmente el lugar comun era mi cuarto de meditasion el inter estaba en él pensaba en alguna cosa con sosiego, asi estando en el como a las cuatro hoí qe.. ablaban dos una embra y otro criado esta era de manos y preguntando aquel a qué bendria el arminstrador; esta respondió con viveza a qe. á de benir. a llebarse a Juan Franco.. compadesiome aquel y yo quede enterado de mi mala suerte; no me es dado pintar mi situasion amarguisima en este instante, un temblor general cundió todo mi cuerpo y ata candome un dolor de cabeza apenas me podia baler; ya me beia atrabesando el pueblo de Madruga como un fasineroso atado pelado y bestido de cañamazo cual me vi en Matanzas sacado de la carsel publica pa. ser condusido al Molino ya recordando las ultimas amonestasiones, del ya sitado D. Saturnino me beia en el Molino sin padres en él ni aun parientes y en una palabra mulato y entre negros; mi padre era algo altivo y nunca permitió no solo corrillos en su casa pero ni qe. sus hijos jugasen con lo negritos de la asienda; mi madre vivia con él y sus hijos pr. lo qe.. no eramos muy bien queridos, todo esto se me presentó a mi alborotada imaginasion y en aquel momento determiné mi fuga, el qe me abia ya insinuado el partido qe.. debia tomar como faborable, a eso de las sinco de la tarde me dijo hombre saca ese caballo de allí y ponlo alla pa. qe. este al fresco qe. asi estará asiendo ruido y despertaran los amos cuando la ballas a cojer pa. Dn. S. disiendome esto me entregó tambien la espuelas disidome alli está la silla sin pistolera tu sabras donde está todo pa. cuando se nesesite una mirada sulla me combensió de qe. me ablaba pa. qe. aprobechara el tiempo este tal fue siempre muy llebado con mi padre y trataba a mi madre con algun respeto aun despues de yiuda, no estaba yo con todo esto bastante resuelto en considerar qe. dejaba a mis hermanos en el Molino y qe. tenia qe.. andar toda una noche solo pr. caminos desconosidos y espuesto a caer en manos de algun comisionado. Pero cual fue mi sorpresa cuando acabando todos de senar estando yo sentado a solas sobre un troso meditando si me determinaria o nó, vi llegarse a mi a Dn S. qe. me pregruntó donde dormia le señalé sobre una barbaco pero esto acabó de hechar el resto a mi resolusion, tal vez sin esta pregunta no me ubiera determinado nunca yo era muy miedoso. Bien pudo aber sido hecha esta pregunta con toda ignosensia y qe.. todo fuese abladurias de criados qe. todo bariase a la misma ora como otras ocasiones pero yo no pude resivirla sino de muy mal anuncio en vista de lo qe.. estaba ya en mi conosimiento asi determine partir a todo riesgo, seme represento la mala suerte de un tio mio qe. abiendo tomado igual determinasion pr. irse donde el Sor. Dn. Nicolas Sor. Dn Manuel y Sor Marquez fue traido como todo simarron mas sin embargo estaba resuelto a hechar una suerte y padeser con motivo bele hasta mas de las dose aquella noche se recojieron todos temprano pr.. ser noche de invierno y estaba algo lluviosa, ensillé el caballo pr. primera vez en mi vida pusole el freno pero con tal temblor qe. no atinaba a derechas con lo qe.. asía acabada esta diligensia me puse de rodillas me encomende a los santos de mi debosion me puse el sombrero y monté cuando iva a andar pa. retirarme de la casa oi una bos qe.. me dijo Dios te lleve con bien arrea duro yo creia qe. nadien me beia y todos me ogserbaban pero ninguno se me opuso como lo supe despues mas lo qe.. me ha susedido luego lo beremos en la segunda parte qe. sigue a esta historia.

1. Nota que aparece en la portada del cuaderno manuscrito, sin título, que contiene esta Autobiografía.
En el original existen enmiendas y hasta tachaduras que no parecen hechas por Manzano. (Nota de la edición de 1937)

2. Se ha respetado la ortografía original del documento, según edición de 1937 con prólogo de José Luciano Franco.

3. Ahora me acuerdo qe. el pasaje del geranio donato fue despues de esto estando en el Molino pr. qe. fue cudo mi madre presentó el dinero pa. mil livertad y murió tres meses despues de aire perlatico. (Nota del autor)

Libros a la carta

A la carta es un servicio especializado para

empresas,

librerías,

bibliotecas,

editoriales

y centros de enseñanza;

y permite confeccionar libros que, por su formato y concepción, sirven a los propósitos más específicos de estas instituciones. Las empresas nos encargan ediciones personalizadas para marketing editorial o para regalos institucionales. Y los interesados solicitan, a título personal, ediciones antiguas, o no disponibles en el mercado; y las acompañan con notas y comentarios críticos.

Las ediciones tienen como apoyo un libro de estilo con todo tipo de referencias sobre los criterios de tratamiento tipográfico aplicados a nuestros libros que puede ser consultado en www.linkgua.com.

Linkgua edita por encargo diferentes versiones de una misma obra con distintos tratamientos ortotipográficos (actualizaciones de carácter divulgativo de un clásico, o versiones estrictamente fieles a la edición original de referencia).

Este servicio de ediciones a la carta le permitirá, si usted se dedica a la enseñanza, tener una forma de hacer pública su interpretación de un texto y, sobre una versión digitalizada «base», usted podrá introducir interpretaciones del texto fuente. Es un tópico que los profesores denuncien en clase los desmanes de una edición, o vayan comentando errores de interpretación de un texto y esta es una solución útil a esa necesidad del mundo académico.

Asimismo publicamos de manera sistemática, en un mismo catálogo, tesis doctorales y actas de congresos académicos, que son distribuidas a través de nuestra Web.

El servicio de «libros a la carta» funciona de dos formas.

1. Tenemos un fondo de libros digitalizados que usted puede personalizar en tiradas de al menos cinco ejemplares. Estas personalizaciones pueden ser de todo tipo: añadir notas de clase para uso de un grupo de estudiantes, introducir logos corporativos para uso con fines de marketing empresarial, etc. etc.

2. Buscamos libros descatalogados de otras editoriales y los reeditamos en tiradas cortas a petición de un cliente.

Colección DIFERENCIAS

Diario de un testigo de la guerra de África	Alarcón, Pedro Antonio de
Moros y cristianos	Alarcón, Pedro Antonio de
Argentina 1852. Bases y puntos de partida para la organización política de la República de Argentina	Alberdi, Juan Bautista
Apuntes para servir a la historia del origen y alzamiento del ejército destinado a ultramar en 1 de enero de 1820	Alcalá Galiano, Antonio María
Constitución de Cádiz (1812)	Autores varios
Constitución de Cuba (1940)	Autores varios
Constitución de la Confederación	Autores varios
Sab	Avellaneda, Gertrudis Gómez de
Espejo de paciencia	Balboa, Silvestre de
Relación auténtica de las idolatrías	Balsalobre, Gonzalo de
Comedia de san Francisco de Borja	Bocanegra, Matías de
El príncipe constante	Calderón de la Barca, Pedro
La aurora en Copacabana	Calderón de la Barca, Pedro
Nuevo hospicio para pobres	Calderón de la Barca, Pedro
El conde partinuplés	Caro Mallén de Soto, Ana
Valor, agravio y mujer	Caro, Ana
Brevísima relación de la destrucción de las Indias	Casas, Bartolomé de
De las antiguas gentes del Perú	Casas, Bartolomé de las
El conde Alarcos	Castro, Guillén de
Crónica de la Nueva España	Cervantes de Salazar, Francisco
La española inglesa	Cervantes Saavedra, Miguel de
La gitanilla	Cervantes Saavedra, Miguel de
La gran sultana	Cervantes Saavedra, Miguel de

La vida es sueño	Calderón de la Barca, Pedro
Loa a El Año Santo de Roma	Calderón de la Barca, Pedro
Loa a El divino Orfeo	Calderón de la Barca, Pedro
Loa en metáfora de la piadosa hermandad del refugio	Calderón de la Barca, Pedro
Los cabellos de Absalón	Calderón de la Barca, Pedro
No hay instante sin milagro	Calderón de la Barca, Pedro
Sueños hay que verdad son	Calderón de la Barca, Pedro
El retablo de las maravillas	Cervantes Saavedra, Miguel de
El rufián dichoso	Cervantes Saavedra, Miguel de
Novela del licenciado Vidriera	Cervantes Saavedra, Miguel de
Amor es más laberinto	Cruz, sor Juana Inés de
Blanca de Borbón	Espronceda, José de
El estudiante de Salamanca	Espronceda, José de
Poemas	Góngora y Argote, Luis de
Poemas	Heredia, José María
Libro de la vida	Jesús, santa Teresa de Ávila o de
Obras	Jesús, santa Teresa de
Exposición del Libro de Job	León, fray Luis de
Farsa de la concordia	Lopez de Yanguas
Poemas	Milanés, José Jacinto
El laberinto de Creta	Molina, Tirso de
Don Pablo de Santa María	Pérez de Guzmán, Fernán
Poemas	Plácido, Gabriel de Concepción
Poemas	Quevedo, Francisco de
Los muertos vivos	Quiñones de Benavente, Luis
Primera égloga	Garcilaso de la Vega

Colección HUMOR

Lazarillo de Tormes	Anónimo
El desafío de Juan Rana	Calderón de la Barca, Pedro
La casa holgona	Calderón de la Barca, Pedro
La dama duende	Calderón de la Barca, Pedro
Las jácaras	Calderón de la Barca, Pedro

La entretenida — Cervantes Saavedra, Miguel de
Fábulas literarias — Iriarte, Tomás de
Desde Toledo a Madrid — Molina, Tirso de
El desdén, con el desdén — Moreto y Cabaña, Agustín
El alguacil endemoniado — Quevedo, Francisco de
Fábulas — Samaniego, Félix María
El caballero de Olmedo — Vega, Lope de
El perro del hortelano — Vega, Lope de

Colección MEMORIA

Cosas que fueron — Alarcón, Pedro Antonio de
Juicios literarios y artísticos — Alarcón, Pedro Antonio de
Memorial dado a los profesores
de pintura — Calderón de la Barca, Pedro
Juvenilia — Cané, Miguel
Autobiografía de Rubén Darío
(La vida de Rubén Darío escrita
por él mismo) — Felix Rubén García Sarmiento
(Rubén Darío)
Oráculo manual y arte de prudencia — Gracián, Baltasar
Vida de Carlos III — Fernán-Núñez, Carlos Gutiérrez de
los Ríos
Examen de ingenios para las ciencias — Huarte de San Juan, Juan
Vida del padre Baltasar Álvarez — Puente, Luis de la
Del obispo de Burgos — Pulgar, Hernando del
Breve reseña de la historia del
reino de las Dos Sicilias — Duque de Rivas, Ángel Saavedra
Cartas — Valera, Juan
El arte nuevo de hacer comedias
en este tiempo — Vega y Carpio, Félix Lope de
Diálogos — Vives, Luis

Colección VIAJES

De Madrid a Nápoles — Alarcón, Pedro Antonio de

Printed in the United States
142336LV00002B/154/A